AF324415

INDEX GEOGRAPHIQUE

PAR LEQUEL

SONT INDIQUEZ DANS UN
inſtant, & avec une facilité nouvelle,
les Villes, Villages, Lieux, Pays, Fleu-
ves & Rivieres, que l'on ſe propoſe de
trouver ſur une Carte.

DEDIÉ AU ROY.

A PARIS,

Chez Simon Langlois, au haut de la
ruë S. Jacques, ruë S. Etienne des Grecs,
au bon Paſteur.

M D C C V.

Avec Approbation & Permiſſion.

AU ROY.

IRE,

A peine Monsieur le Duc du Maine m'eût fait l'honneur de presenter à VôTRE MAjESTÉ le premier Index de la France de Duval, que j'avois mis dans un ordre non encore pratiqué, que j'appris que les Cartes de ce Geographe, qui depuis son deceds n'avoient re-

ceu aucun changement, ve-
noient d'être reformées selon les
nouvelles observations; l'intro-
duction de cet usage retrogra-
dant le meridien de Paris du
23. au 20. il a fallu, tant pour
s'y conformer, qu'à cause de la
suppression des vieilles Cartes,
reprendre ledit Index d'un bout
à l'autre pour le rectifier sur cel-
les de 1704.

Mais, SIRE, quelque pei-
ne que j'aye euë, tant à la pre-
miere, qu'à la seconde recherche,
elle me seroit bien glorieuse, si
je pouvois me flater que ce tra-
vail pût donner quelque satis-
faction à VÔTRE MAJESTÉ,
par la facilité avec laquelle j'in-

EPISTRE.

dique dans un instant tous les lieux qu'on se propose de trouver sur une Carte ; & s'il est vray que le proprietaire d'un domaine prend quelque plaisir d'en pouvoir reconnoître sur un Plan toutes les dépendances qui le composent, la France étant le riche patrimoine de VÔTRE MAJESTE', j'ose me persuader qu'elle n'en aura pas moins à y pouvoir distinguer, & trouver tout à coup & par un moyen aisé, jusqu'à la moindre de ses parties.

Prévenu de cette esperance, SIRE, je vais continuer la même recherche sur les Etats voisins de ce Royaume, & sur les

pays où est le theatre de la guer-
re, pour la reduire dans la même
pratique, en priant le Ciel qu'il
continuë à VÔTRE MAJESTÉ
cette protection, qu'il manifeste
tous les jours en faveur d'une
cause si juste, que celle dont
vous êtes le protecteur, & qu'il
fasse autant prosperer les armes
de la France, que le desirent
vos plus fideles Sujets, du nom-
bre desquels j'ay l'honneur d'ê-
tre, & avec un profond respect,

SIRE

DE VÔTRE MAJESTÉ

Le trés-humble, trés-obéïssant
& fidele serviteur & sujet
CASSAN.

AVERTISSEMENT.

LE dessein qu'on a eu d'entreprendre cet Ouvrage, selon la methode qu'on a suivie, ne tend qu'à donner dans un instant la connoissance de la situation des Places comprises dans une Carte. La pratique dont on s'est servi est toute nouvelle, par rapport à son application generale, qui la rend differente de celle de quelques Auteurs anciens & modernes, qui se sont contentez de donner assez exactement par latitude & longitude la situation des Villes & villages de quelques petits cantons, & personne n'avoit encore entrepris d'appli-

quer cette pratique à une recher-
che si étenduë, qu'est celle d'indi-
quer tout ce qui peut être com-
pris dans une Carte Chorogra-
phique, pour y trouver dans un
instant, tant les Villes que les
lieux & pays, qu'on cherche sou-
vent avec un soin & une peine
capables de rebuter les plus cu-
rieux, & ce par le principe le plus
certain de tous ceux qui peuvent
faciliter l'intelligence de la Geo-
graphie.

Pour rendre cette pratique plus
aisée, on a jugé à propos de faire
paroître à l'ouverture de chaque
feüille une échelle de soixante
minuttes de latitude, dont on a
seulement besoin pour tomber
tout à coup sur le lieu qu'on cher-
che. Car pour les minutes de lon-

gitude, bien qu'on les ait mises en leur place, ce n'est que pour satisfaire la curiosité de ceux, qui veulent précisement sçavoir la latitude & la longitude en laquelle un lieu ou un village est situé, & non pour s'en aider à en faire la recherche, & c'est la raison pour laquelle on n'a pas besoin d'échelle de minuttes de longitude, d'autant plus, qu'à cause de leur inégalité causée par les croissantes longueurs des cercles paralelles du globe terrestre, il auroit fallu autant de ces échelles, qu'il y a de degrez de longitude sur une Carte.

USAGE.

Pour trouver promptement un lieu proposé sur la Carte, aprés qu'on l'aura trouvé fur l'Index, il ne faut fe charger la memoire que de deux nombres, fçavoir des degrez de latitude & des degrez de longitude, & prenant feulement les minuttes de la latitude avec l'ouverture du compas, on appliquera une pointe fur la ligne qui marque les degrez de ladite latitude, & l'autre auffi appliquée fur la Carte, & vers le cofté d'en-haut, on conduira paralellement le compas fur ladite ligne, jufques-à ce que fes deux pointes fe trouvent entre les deux lignes ou meridiens qui comprennent le degré de la longitude, & pour lors la pointe fuperieure rencontrera infailliblement la Ville ou le village propofé.

Par exemple. Chenonceau qui

est au 47. degrez 27. minuttes de latitude, aprés qu'on l'aura trouvé sur l'Index, on prendra avec l'ouverture du compas les 27. minuttes de la latitude, conduisant ladite ouverture le long de la paralelle qui marque le 47. degré de latitude, jusqu'à ce qu'elle parvienne entre le 18. & 19. meridien, qui comprennent ledit degré de longitude, & l'on ne manquera pas de trouver ledit Chenonceau précisément sous la pointe du compas, & ainsi de tous les autres lieux.

Ceux qui ne se trouvent pas pourvûs d'un compas, ne laisseront pas de trouver les places & les lieux sans le secours de cet instrument, en mettant le doigt indice de la main gauche sur la ligne qui

marque le degré de la latitude,
& celui de la main droite fur celle
qui marque le degré de la lon-
gitude, & conduifant l'une &
l'autre jufques-à ce qu'ils fe ren-
contrent, l'on trouvera le lieu
qu'on cherche dans le carré de
la main droite avec prefque la
même facilité, en prenant à veuë
& par un préalable fur l'Index, la
diftance que comprennent les
minuttes de la latitude, & en
confervant l'idée de cette exten-
fion, jufques-à ce qu'on ait trou-
vé la place ou lieu qu'on cherche,
qui neanmoins fans cette précau-
tion fera toûjours trouvée en en
faifant la recherche dans le mê-
me quarré, mais avec un peu
plus de foin & un peu moins de
facilité.

AVERTISSEMENT.

Si l'on remarque qu'il y a quelques endroits où les minuttes ne soient point marquées, c'est que ce sont les noms de quelques pays ou cantons, qui ne sont pas indiquez par les noms de leurs Capitales, pour lesquels on ne fait qu'indiquer le quarré où leur nom est inseré, n'estant pas aisé d'asseoir un point déterminé pour les minuttes d'un pays à cause de son étenduë, comme pour celles d'une Ville, Bourg, Bourgade ou autre place particuliere.

A la suite de cet Index, on en a ajoûté un autre des Fleuves & Rivieres comprises dans la même Carte, en indiquant seulement le quarré, où leur nom commence d'être inseré.

Louvre , & un dans celle de nôtre trés-cher &
feal Chevalier Chancelier de France le sieur Phe-
lypeaux Comte de Pontchartrain, Commandeur
de nos Ordres, à peine de nullité des Presentes,
du contenu desquelles vous mandons & enjoi-
gnons de faire joüir l'Exposant ou ceux qui
auront droit de luy pleinement & paisiblement,
sans souffrir qu'il leur soit fait aucun trouble
ou empêchemens. Voulons qu'à la copie des-
dites Presentes qui sera imprimée au commen-
cement ou à la fin dudit Livre foy soit ajoûtée
comme à l'original. Commandons au premier
nôtre Huissier ou Sergent sur ce requis de faire
pour l'execution d'icelles tous actes requis &
necessaires, sans demander autre permission &
nonobstant clameur de Haro, Charte Nor-
mande , & Lettres à ce contraires : C a r tel
est nôtre plaisir. D o n n e' à Versailles le
sixiéme jour de Juillet , l'an de grace mil sept
cens quatre , & de nôtre regne le soixantte-
deuxiéme. Signé , Par le Roy en son Conseil ,
L e c o m t e.

Achevé d'imprimer pour la premiere fois le
  28. Mars 1705.

*Registré sur le Livre de la Communauté des
  Marchands Libraires & Imprimeurs le 28.
  Mars 1705. Signé P. E m e r y , Syndic.*

APPROBATION.

J'Ay vû par ordre de Monseigneur le Chancelier un *Index Geographique*, dans lequel je n'ay rien trouvé qui en doive empescher l'impression. A Paris le 28. Juin. 1704.

POUCHARD.

INDEX

INDEX
GEOGRAPHIQUE
ET GENERAL
POUR LE ROYAUME
DE FRANCE,

à l'usage de la Carte de Duval.

A	latitude-longitude.			
	d.	m.	d.	m.
Bbeville.	50.	26. —19.		55.
Abbington.	52.	19. —16.		0.
Aberanion.	52.	13. —13.		5.
Abjagraffe.	44.	56. —27.		51.
Abriez.	44.	22. —25.		34.
Achaffembourg.	50.	20. —28.		0.
Acheres.	48.	9. —19.		50.

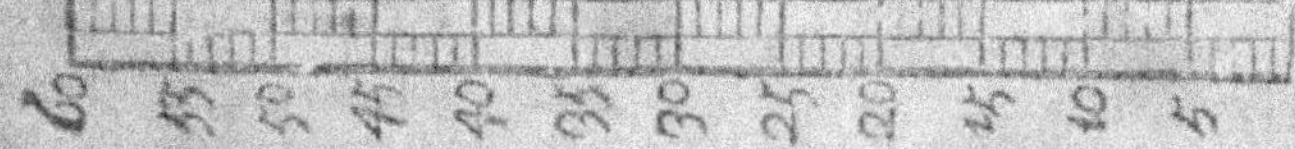

Echelle de 60. Minutes de latitude.

A

	d.	m.	d.	m.
Acier.	44.	33.	—19.	28.
Achon.	45.	2.	—20.	22.
Acqs.	42.	19.	—19.	6.
Acqui.	44.	5.	—27.	24.
Agde.	42.	39.	—21.	16.
Agen.	44.	10.	—18.	8.
S. Agnan. D.	47.	20.	—19.	2.
Agnane.	43.	10.	—21.	27.
Sᵗᵉ Agreve.	44.	39.	—22.	39.
Ahun.	45.	52.	—19.	55.
Aigle.	46.	5.	—25.	42.
Aigremont.	48.	12.	—24.	3.
Aiguebelle.	45.	13.	—24.	42.
Aigueblanche.	45.	14.	—25.	2.
Aiguescaudes.	43.	1.	—16.	27.
Aiguemorte.	42.	45.	—22.	14.
Aigueperse.	45.	51.	—21.	12.
Aiguillon. D.	44.	19.	—17.	52.
Aigurande.	46.	24.	—19.	37.
Aimargues.	42.	55.	—22.	15.
Ainay-le-Châtel.	46.	33.	—20.	38.
Ainay-le-Duc.	47.	39.	—22.	47.
Ainay-le-Vieux.	46.	31.	—20.	24.
Ainsa.	42.	16.	—17.	15.
Aire.	51.	4.	—20.	37.
Aire-sur-Ladour.	43.	45.	—16.	47.
Airaines.	50.	15.	—20.	0.
Airvault.	46.	58.	—17.	20.
Aisay-le-Duc.	47.	43.	—22.	36.
Aisseve.	43.	44.	—20.	37.

	d.	m.	d.	m.
Aix.	42.	48.	23.	48.
les Aix d'Amgillon.	47.	5.	20.	15.
Aix-la-Chapelle.	51.	8.	24.	45.
Aix en Savoye.	45.	29.	24.	27.
Aixe.	45.	42.	18.	56.
Alaix.	43.	32.	22.	6.
Albain.	43.	30.	20.	4.
Albe.	44.	10.	27.	0.
Albengue.	48.	21.	27.	2.
Albias.	43.	54	18.	58.
Alby.	43.	34.	19.	42.
Alegre.	44.	50.	21.	42.
Alençon.	48.	42.	17.	40.
Aleth.	42.	31.	19.	45.
Alexandrie de la Paille.	44.	22.	27.	30.
Alize.	47.	26.	22.	31.
Alloz.	43.	45.	25.	16.
Alluye.	48.	24	19.	7.
Aloft.	51.	22.	22.	15.
les Alpes.	45.		26.	
Altfax.	47.	6.	28.	22.
Altkirch.	47.	56.	25.	56.
Altorf.	46.	40.	27.	32.
Altzhein.	50.	3.	26.	39.
Alzonne.	42.	52.	19.	37.
S. Amand en Auvergne.	45.	24.	11.	44.
S. Amand en Bourbonnois.	46.	39.	20.	22.

	d.	m.	d.	m.
S. Amand en Flandres	50.	50.—21.		38.
S. Amand dans le Puisaie.	47.	24.—20.		58.
Ambert,	45.	20.—21.		46.
Ambasburi.	51.	43.—15.		34.
Ambleteuse.	51.	14.—19.		37.
Amboise.	47.	32.—18.		42.
Ambrieres.	48.	39.—16.		34.
S. Ambroise.	43.	43.—22.		12.
Amiens.	50.	10.—20.		27.
S. Amour.	46.	16.—23.		42.
Anant.	47.	6.—21.		26.
Ance.	45.	40.—22.		58.
Ancenis.	47.	26.—15.		58.
Anci-le-Franc.	47.	35.—22.		10.
Andance.	44.	45.—23.		3.
Andelis.	49.	30.—19.		24.
Andelot.	48.	25.—23.		39.
Andernac.	50.	50.—26.		2.
Andoins.	43.	27.—16.		42.
Andorne.	45.	17.—26.		47.
Andorre.	42.	0.—18.		53.
S. André en Hollande.	52.	19.—23.		46.
S. André en Savoye.	44.	54.—25.		15.
la côte S. André.	45.	0.—23.		34.
Anduze.	43.	26.—22.		0.
Anet. P.	49.	2.—19.		25.
Angers. D.	47.	32.—16.		34.
Angerville.	48.	26.—19.		56.
Anghiera.	45.	25.—27.		25.

	d.	m.	d.	m.
Anglurre.	48.	36. — 22.		3.
Angoulesme.	45.	47. — 17.		42.
Anjourre.	47.	46. — 23.		17.
Ste Anne.	47.	2. — 24.		29.
Annebaut.	49.	37. — 18.		25.
Anneci.	45.	45. — 24.		39.
Annonay.	44.	47. — 22.		50.
Anot.	43.	25. — 25.		18.
Anoux.	46.	53. — 22.		5.
Antibe.	42.	52. — 25.		53.
Antillon.	41.	53. — 16.		55.
Antin.	43.	22. — 17.		20.
Antlau.	48.	38. — 26.		0.
S. Antoine.	44.	43. — 23.		42.
S. Antonin.	43.	58. — 19.		25.
Antrain.	48.	41. — 15.		32.
Antresmes.	48.	8. — 16.		32.
Anvilar.	43.	56. — 18.		27.
Aoust.	45.	22. — 26.		0.
Appenzel.	47.	13. — 28.		20.
Appledore.	51.	32. — 18.		25.
Apro.	44.	0. — 22.		44.
Aps.	43.	8. — 23.		39.
Arau.	47.	26. — 26.		38.
Arban.	46.	9. — 24.		7.
Arberg.	47.	6. — 25.		45.
Arbois.	46.	56. — 24.		14.

	d.	m.	d.	m.
Arbon.	47.	33.	28.	14.
Arburg.	47.	22.	26.	26.
Archac.	45.	37.	17.	6.
Arci.	48.	35.	22.	26.
Ardenes.	50.		23.	
Ardes.	45.	12.	20.	58.
Ardres.	51.	17.	20.	2.
Aremberg. P.	50.	53.	25.	26.
les Arcs.	42.	39.	25.	2.
Argencé.	49.	30.	17.	22.
Argentan.	49.	4.	17.	28.
Argenteuil.	49.	8.	20.	15.
l'Argentiere.	44.	4.	22.	25.
Argenton.	46.	35.	19.	4.
Arlei.	46.	40.	23.	52.
Arlene.	45.	9.	21.	38.
Arles.	42.	48.	22.	43.
Arles en Roussillon.	41.	35.	20.	5.
Arleux.	50.	39	21.	14.
Arlon.	50.	6.	14.	14.
Armagnac.	43.		17.	
Armene.	45.	31.	20.	27.
Armentieres.	51.	9	21.	2.
S. Amour.	46.	16.	23.	42.
Arnay-le-Duc.	46.	58.	22.	37.
Arnen.	46.	7.	26.	52.
Arnhem.	52.	36.	24.	30.
Arona.	45.	22.	27.	20.
Arondel.	51.	23.	17.	3.
Arq en Barrois.	48.	3.	23.	4.

	d.	m.	d.	m.
Arques.	50.	13.	19.	4.
Arras.	50.	39.	20.	50.
Arreu.	42.	42.	17.	30.
Ars.	47.	19.	23.	18.
Arſac.	43.	38.	16.	31.
Arſchot.	52.	26.	23.	11.
Attenay.	48.	7.	19.	43.
Artois.	50.		20.	
Arvert.	45.	38.	16.	5.
Arzilliers.	48.	49.	22.	48.
Ashford.	51.	41.	18.	34.
Aſpremont en Bretagne.	46.	48.	15.	27.
Aſpremont en Lorraine.	49.	12.	24.	6.
Aſpres.	44.	3.	24.	19.
Aſſerac.	47.	19.	14.	45.
Aſte.	44.	22.	27.	2.
S. Aſtier.	45.	13.	18.	6.
Ath.	51.	7.	22.	4.
Attigny.	49.	47.	12.	55.
Availle.	46.	12.	18.	20.
Avalon.	47.	18.	21.	46.
Avangour.	48.	26.	13.	44.
Aubigne.	42.	30.	13.	54.
Aubenas.	44.	11.	22.	29.
Aubenton.	50.	10.	22.	28.
Aubeterre.	45.	23.	17.	40.
Aubiet.	43.	33.	18.	3.

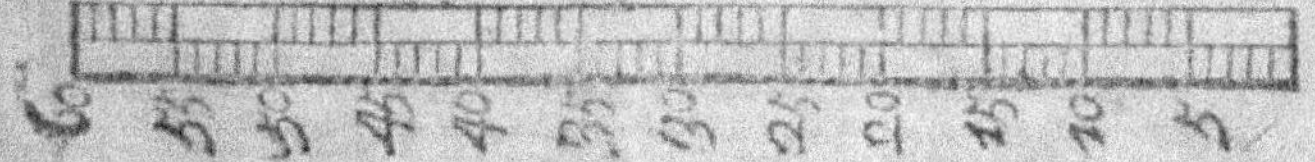

	d.	m.	d.	m.
Aubignei.	48.	27.	15.	25.
Aubigni.	47.	27.	20.	12.
S. Aubin du Cormier.	48.	29	15.	40.
Aubuſſon.	45.	44.	20.	2.
Auch.	43.	33.	17.	49.
Auch en Savoye.	45.	57.	25.	25.
Audiernes.	47.	48.	11.	54.
Avein.	50.	27.	13.	50.
Avenches.	46.	50.	15.	42.
Aveſnes.	40.	30.	22.	18.
Auge.	49.		17.	
Avignon.	43.	17.	23.	3.
Auleſi.	46.	52.	21.	22.
Aumale. D.	50.	4.	19.	43.
Aunay.	46.	11.	17.	4.
Auneau.	48.	33.	19.	40.
Aunis.	46.		16.	
S. Avo.	49.	37.	25.	18.
Aups.	42.	56.	24.	48.
Avranche.	48.	56.	15.	48.
Aurillac.	44.	46.	20.	30.
Auſimpot.	45.	9.	18.	4.
Auſſonne.	47.	9.	23.	34.
Auton.	48.	20.	18.	40.
Autrei.	47.	28.	13.	40.
Autrui.	48.	22.	20.	0.
Autun.	46.	41.	22.	26.
Auxerre.	47.	37.	21.	29.
Auxi-lo-Chau.	50.	55	20.	12.
Auzon.	45.	7.	21.	19.

	d.	m.	d.	m.
Axel.	51.	50.	22.	18.
Ay.	49.	12.	22.	14.
Azay-le-Ferron.	46.	57.	18.	45.
Azay-le-Rideau.	47.	20.	18.	3.
Azille.	42.	45.	20.	17.
Azincourt.	50.	53.	20.	15.

B.

	d.	m.	d.	m.
Bachara.	50.	23	26.	13.
Baden. *P.*	49.	0.	26.	58.
Baden en Suisse.	47.	28.	27.	4.
Bages.	42.	30.	20.	35.
Bagneres.	43.	3.	17.	13.
Bagnols.	43.	36.	29.	44.
Baigneux-les-Juifs.	47.	34.	22.	40.
Bain.	47.	53.	15.	22.
Balaruc.	42.	44.	21.	35.
Balbastro.	41.	47.	17.	7.
Balleray.	49.	32.	16.	33.
Ballon.	48.	25.	17.	45.
Banc.	43.	49.	22.	17.
Bapaume.	50.	28.	20.	58.
Barat-de-Labene.	43.	50.	15.	20.
Barbentane.	43.	12.	22.	52.
Barbezieux.	45.	34	17.	15.
Barcelonne en Guiene.	43.	47.	16.	53.

	d.	m.	d.	m.
Barcelonnete. P.	44.	0.	25.	25.
Bard.	45.	14.	26.	23.
Bardenatcal.	42.	17.	15.	15.
Bareges.	42.	49.	17.	3.
Barfleur.	50.	10.	15.	54.
Bargeac.	43.	48.	22.	19.
Bargemes.	43.	5.	25.	7.
Barjoux.	42.	47.	24.	31.
Bark.	52.		15.	
Barking.	52.	8.	17.	47.
Barkley.	52.	24.	14.	43.
Barleduc.	49.	2.	23.	30.
Barneville.	49.	45.	15.	25.
les Baronies.	43.		23.	
Barnstable.	51.	37.	13.	15.
la Barp.	44.	44.	16.	36.
Barraux.	45.	8.	24.	27.
la Barre.	49.	14.	18.	23.
Barreme.	43.	20.	24.	50.
Barres des Sevennes.	43.	44.	11.	45.
Barrye.	52.	3.	13.	33.
Bar-fur-Aube.	48.	19.	22.	54.
Pointe-de-Bas.	47.	12.	14.	25.
Basle.	47.	45.	26.	8.
Bassigny.	48.		23.	
la Bastide.	44.	3.	17.	2.
Bastide de Bearn.	43.	35.	15.	56.
Bastide de Clarence.	43.	35.	15.	50.
Bastienoye.	44.	8.	24.	47.
Bastogne.	50.	25.	24.	13.

	d.	m.	d.	m.
Bathe.	51.	56.	14.	45.
Batorda.	42.	5.	17.	54.
Battel.	51.	24.	18.	19.
Bavay.	50.	40.	22.	6.
Baugé.	47.	36.	17.	14.
Baugenci.	47.	49.	19.	28.
Baugcy.	46.	2.	23.	17.
Baugi.	46.	54.	20.	28.
la St Baume.	42.	30.	24.	4.
Baume les Nonnains.	47.	29.	24.	56.
les Baux.	42.	51.	22.	54.
S. Bauzeli.	43.	18.	21.	39.
Bayeux.	49.	39.	16.	42.
Bayon.	48.	46.	24.	47.
Bayonne.	43.	38.	15.	10.
Bays.	44.	6.	23.	0.
Bazas.	44.	28.	17.	8.
S.t Bazeille.	44.	30.	17.	34.
Bazochegouet.	48.	15.	18.	45.
S. Beat.	42.	42.	17.	52.
Beaucaire.	43.	6.	22.	40.
Beaufort. D.	48.	35.	22.	50.
Beaufort en Savoye.	45.	27.	25.	10.
Beaufort en Vallée.	47.	30.	17.	4.
Beaugencier.	42.	25.	24.	29.
Beaujeu.	45.	53.	22.	53.
Beaujolois.	45.		22.	

	d.	m.	d.	m.
Pt de Beaulac.	44.	24.	17.	0.
Beaulieu.	44.	50.	19.	46.
Beaumarchais.	43.	36.	17.	12.
Beaumont en Dauphiné.	44.	29.	24.	20.
Beaumont en l'Isle de France.	49.	28.	20.	20.
Beaumont en Guienne.	44.	43.	18.	18.
Beaumont dans le Maine.	48.	3.	16.	50.
Beaumont en Normandie.	50.	5.	15.	18.
Beaumont-le-Roger.	49.	21.	18.	33.
Beaumont-le Vicomte. D.	48.	25.	17.	35.
Beaune.	46.	50.	23.	2.
Beauport.	48.	50.	13.	48.
Beaupreau. D.	47.	18.	16.	19.
Beauquesne.	50.	24.	20.	30.
Beauregard.	45.	45.	23.	5.
Beauvais.	49.	42.	20.	10.
Beauvoir.	46.	54.	15.	10.
Bec d'Ambez.	45.	0.	16.	52.
Bec de Rieux.	43.	7.	20.	55.
Beffort.	47.	53.	25.	35.
Belac.	46.	5.	18.	42.
Belain.	47.	31.	15.	20.
Belesme.	48.	34.	18.	14.
Belestat.	42.	26.	19.	27.
Belin en Guiene.	44.	38.	16.	28.
Belin dans le Mans.	47.	58.	17.	42.
Belinzonne.	45.	57.	27.	47.
Bellay.	47.	10.	17.	10.
le Bellay.	47.	23.	17.	22.

Bellegarde.

	d.	m.	d.	m.
Bellegarde D.	46.	51.—	23.	24.
Bellei.	45.	33.—	24.	9.
Belle-Isle.	47.	6.—	13.	40.
Bellevert.	41.	49.—	19.	17.
Bellevestre.	46.	45.—	23.	42.
Belleville.	45.	50.—	22.	58.
Belvez.	44.	34.—	18.	32.
Belvic.	44.	24.—	18.	52.
Benac D.	43.	12.—	17.	0.
Benai.	46.	13.—	18.	6.
Benavarri.	41.	49.—	17.	25.
Benefeld.	48.	39.—	26.	16.
S. Benoist.	46.	29.—	15.	50.
Berg.	51.	30.—	20.	44.
Bergerac.	44.	52.—	18.	3.
Bergopson.	52.	4.—	22.	37.
le petit S. Bernard.	45.	23.—	25.	34.
Bernay.	49.	21.—	18.	21.
Berne.	46.	57.—	26.	3.
Bernieres.	49.	45.—	17.	3.
Berre.	42.	37.—	23.	20.
S. Bertrand.	41.	51.—	17.	51.
Besse dans le Vendomois.	47.	55.—	18.	18.
Besse en Auvergne.	45.	19.—	20.	50.
le Bessin.	49.		16.	
Betarran.	43.	10.—	16.	48.
Bethune.	50.	56.—	20.	42.

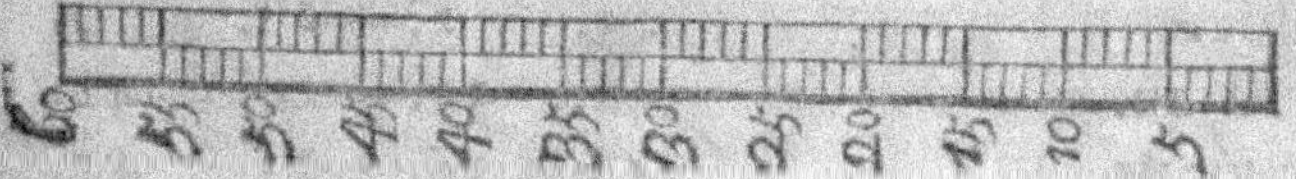

B

	d.	m.	d.	m.
Bezançon.	47.	19 —	24.	32.
Bezieres.	42.	45. —	20.	54.
Bibrac.	48.	19. —	28.	43.
Bidache. P.	43.	37. —	15.	37.
Biele.	45.	12. —	26.	45.
Bielsa.	42.	37 —	17.	15.
Bienne-Albiel.	47.	13. —	25.	41.
Bigorre.	43.	—	17.	
Billi.	46.	4. —	21.	28.
Billom.	45.	29. —	21.	23.
Binasco.	44.	49. —	28.	3.
Binche.	50.	50. —	22.	29.
Bingen.	50.	—	26.	
Birkemfeld.	50.	6. —	25.	38.
Biron.	44.	35. —	18.	27.
Biscarrofe.	44.	36. —	15.	58.
Bife.	42.	44. —	20.	30.
Bitch.	49.	16. —	26.	10.
Blagis.	50.	17. —	19.	33.
Blagnac.	44.	51. —	17.	27.
le Blanc.	46.	36. —	18.	49.
Blanc en Berri.	46.	39. —	18.	50.
Blancmont.	48.	55. —	25.	29.
Blandefort.	51.	22. —	15.	13.
Blanzac.	45.	36. —	17.	28.
Blaver.	47.	34. —	13.	29.
Blaye.	45.	10. —	16.	52.
Blefle.	45.	2. —	21.	0.
Blefn au.	47.	39. —	20.	42.
Bleterans.	46.	36. —	23.	45.

	d.	m.	d.	m.
Bleze.	47.	27.	18.	40.
Blois.	47.	43.	18.	58.
le Bocage.	49.		16.	
Bocaftle.	51.	18.	12.	27.
Bodman.	51.	3.	12.	17.
Bohaim.	50.	19.	21.	40.
Boifbelle, *autrement* Enri-chemont. D.	47.	14.	20.	13.
Boifcommun.	48.	4.	20.	12.
Bois-Dauphin.	47.	51.	17.	0.
Bois Sainte-Marie.	46.	6.	22.	31.
Boiffefon de Murvies.	43.	14.	20.	38.
Boiffy. D.	45.	52.	22.	0.
Bommel	52.	21.	23.	34.
Bonmoufins.	48.	52.	18.	18.
Bonn.	51.	6.	25.	40.
Boane.	46.	0.	24.	45.
S. Bonnet.	44.	18.	24.	40.
S. Bonnet.	45.	7.	22.	6.
la Bonneville en Franche-Comté.	47.	7.	25.	31.
la Bonneville en Savoye.	45.	53.	24.	56.
Bonni.	47.	27.	20.	38.
Bonnivet.	46.	51.	17.	53.
Borgo-Difefu.	45.	24.	27.	6.
Bormes.	42.	15.	24.	58.
Borr.	45.	10.	20.	16.

	d.	m.	d.	m.
Borzane.	45.	0.	—26.	54.
Bouchain.	50.	40.	—21.	24.
Boüen.	45.	30.	—21.	8.
la Bouhere.	44.	25.	—16.	13.
la Boüille.	49.	41.	—18.	46.
Boulogne en Gascogne.	43.	12.	—17.	47.
Boulogne Port de mer.	51.	8.	—19.	40.
Bourbon-Lancy.	46.	22.	—21.	40.
Bourbon - Larchambault.				
D.	46.	26.	—20.	57.
Bourbone.	48.	7.	—24.	2.
Bourbourg.	51.	26.	—20.	18.
Bourbriac.	48.	23.	—13.	33.
Bourdeaux.	44.	49.	—16.	47.
Petit Bourdeaux.	44.	47.	—16.	40.
Bourdeaux en Dauphiné.	44.	4.	—23.	38.
Bourderlles.	45.	22.	—18.	3.
Bourg S. Andeol.	43.	45.	—22.	54.
Bourg sur la Garonne.	45.	6.	—16.	52.
Bourganeuf.	45.	50.	—19.	28.
Bourgargental.	44.	49.	—22.	47.
Bourgdieu.	46.	47.	—19.	28.
Bourg-en-Bresse.	45.	56.	—23.	37.
Bourges.	46.	58.	—20.	8.
Boürg-Lastic.	45.	25.	—20.	30.
Bourg-le-Roy.	48.	36.	— 17.	42.
Bourgoin.	45.	16.	—23.	33.
Bourg S. Pierre en l'isle de				
Guernezé.	49.	40.	—14.	26.
Bourgueil.	47.	23.	—17.	34.

	d.	m.	d.	m.
le Bourguet.	43.	6.	15.	25.
Bournazel.	44.	12.	20.	0.
Bourneuf.	47.	7.	15.	10.
Bournonville. *D.*	51.	7.	20.	0.
Bouſſac.	46.	14.	20.	4.
Bouteſſac.	45.	15.	19.	7.
Bouteville.	45.	43.	17.	15.
Bouvignes.	50.	40.	23.	16.
Boy.	42.	11.	18.	2.
S. Branchei.	45.	43.	25.	51.
S. Brancion.	46.	16.	23.	0.
Branclons.	46.	37.	22.	40.
Bray.	49.		19.	
Bray-ſur-Seine.	48.	28.	21.	19.
Bray-ſur-Some.	50.	15.	20.	53.
Brecieu.	44.	56.	23.	25.
Breda.	52.	8.	23.	5.
Bregançon.	42.	10.	24.	55.
Bregentz.	47.	30.	28.	38.
Brchac.	48.	52.	13.	46.
Bréme.	44.	38.	27.	25.
Bremgarten.	47.	18.	27.	2.
Brentfort.	52.	10.	17.	17.
Breoule.	43.	56.	24.	57.
Breſcou.	42.	33.	21.	17.
Breſle.	45.	31.	22.	45.
Breſolles.	48.	50.	19.	2.

	d.	m.	d.	m.
Bressuire,	46.	55.——17.		0.
Brest.	48.	18.——12.		0.
Bresteau,	48.	15.——18.		4.
Bretagne.	44.	0.——17.		30.
Breteuil en Normandie.	49.	0.——18.		40.
Breteuil en Picardie.	49.	55.——20.		24.
Brezé. *D.*	47.	15.——17.		15.
Briançon.	44.	30.——25.		15.
Briare.	47.	35.——20.		33.
Briateste.	43.	26.——19.		28.
Brie-Comte-Robert.	48.	50.——20.		44.
Brienne.	48.	26.——22.		46.
Brientz.	46.	34.——26.		47.
S. Brieux.	48.	40.——13.		57.
Brignon.	47.	55.——21.		42.
Brigueil.	45.	53.——18.		36.
Briniais.	45.	24.——23.		2.
Brione.	49.	30.——18.		33.
Briou.	46.	18.——17.		17.
Brioude.	45.	2.——21.		16.
Ville Brioude.	44.	56.——21.		16.
Brieuse.	48.	57.——17.		2.
Briquebec.	49.	53.——15.		40.
Brisach.	48.	17.——26.		28.
Brisago.	45.	46.——27.		28.
Brisgow.	48.	——26.		
Brisich.	50.	55.——25.		57.
Brissac. *D.*	47.	22——16.		43.
Bristow.	52.	3.——14.		35.
la Brit *ou* Duché d'Albret.	44.	15.——16.		33.

	d.	m.	d.	m.
Brive-la-Gaillarde.	45.	7.	19.	12.
Brive-Sac.	44.	53.	19.	47.
le Broc.	43.	8.	26.	0.
Brouage.	45.	47.	16.	13.
Brougnieres.	43.	42	20.	27.
Bruges.	51.	44.	21.	20.
Brulh , dans l'Electorat de Cologne.	51.	10.	25.	33.
Brulh , dans le Condo-mois.	44.	12.	17.	53.
Brullon.	48.	9.	17.	7.
Brufques.	43.	23.	20.	41.
Bruffelles.	51.	13.	21.	38.
Tefte-de-Buch. *P.*	44.	50.	16.	5.
Buchan.	48.	18.	28.	30.
Buchorn.	47.	44.	28.	22.
Buckinghan, *C.*	52.		16.	
Bucil.	43.	30.	15.	50.
Bugei.	43.		24.	
Buillon. *D.*	50.	11.	23.	32.
Burgdorf.	47.	7	26.	10.
Burik.	52.	0.	25.	12.
Buffiere.	46.	24.	18.	30.
Buzencais.	46.	57.	19.	15.

C

	d.	m.	d.	m.
Adenac.	44.	21.	19.	44.
Cadillac.	44.	44.	17.	6.

	d.	m.	d.	m.
Caen.	49.	30.	17.	7.
Caerlequin.	48.	25	13.	4.
Caerlion.	52.	17.	14.	0.
Cahors.	44.	24.	19.	13.
Cajeusac.	43.	41.	19.	30.
Calais.	51.	24.	19.	57.
S. Calez.	48.	1.	19.	12.
Calrian.	42.	51.	25.	23.
la Camargue.	42.	40.	22.	35.
Camarlet.	48.	6.	11.	48.
Cambray.	50.	32.	21.	20.
Campagne.	43.	56	17.	15.
Campan.	42.	58.	17.	12.
Camp d'Attila.	49.	18.	22.	48.
Campet.	44.	6.	6.	30.
Campfranc.	42.	39.	16.	29.
Campo.	42.	18.	17.	32.
S. Canat.	42.	50.	23.	36.
Cancale.	48.	55.	15.	2.
Canes.	42.	50	25.	45.
Canet.	41.	54.	20.	37.
Candé en Anjou.	47.	35.	16.	4.
Candé sur la Loire.	47.	15.	17.	28.
Cani.	50.	14.	18.	27.
Canisi.	49.	25.	16.	3.
la Canourgue.	44.	2.	21.	13.
Cantorberi.	51.	54.	18.	50.
Cap-Breton.	43.	55.	15.	20.
la Capelle.	50.	17.	22.	19.
Capestang.	42.	42.	20.	45.

	d.	m.		d.	m.
Cap de Fresle.	48.	56.	—	14.	35.
Caraman.	43.	13.	—	19.	17.
Carbonne.	43.	7.	—	18.	35.
Carbonnieres.	45.	8.	—	14.	46.
Carcaffonne.	42.	46.	—	19.	46.
Carces.	42.	40.	—	24.	36.
Cardif.	52.	11.	—	13.	40.
Carentan.	49.	42.	—	16.	2.
Carignan.	44.	19.	—	26.	37.
Carlat.	44.	38.	—	20.	32.
Carmagnole.	44.	15.	—	26.	28.
Carnus.	44.	27.	—	23.	9.
Carol.	42.	0.	—	19.	19.
Carpentras.	43.	25.	—	23.	20.
Carrouge.	48.	50.	—	17.	20.
Carvilis.	48.	34.	—	12.	0.
Cafaubon.	44.	2.	—	17.	10.
Carcaftille.	42.	28.	—	15.	19.
Cafeloutre.	49.	47.	—	26.	24.
les Cafquètes.	50.	6.	—	14.	30.
Caftelane.	43.	10.	—	25.	2.
Caftel-Geloux.	44.	18.	—	17.	37.
Caftel-Moron.	44.	42.	—	17.	29.
Caftel-Moron du Lot.	44.	24.	—	18.	10.
Caftelnaudary.	42.	55.	—	19.	22.
Caftelnau de Bretenous.	44.	46.	—	19.	38.
Caftelnau de Cernes.	44.	27.	—	16.	53.

	d.	m.	d.	m̃.
Castelnau de Magnoac.	43.	16.	17.	32.
Castelnau de Medoc.	45.	4.	16.	25.
Castelnau de Mesmes.	44.	19.	17.	16.
Castelnau de Monratier.	44.	10.	19.	0.
Castels.	44.	5.	15.	42.
Castel-Sarrasin.	43.	52.	18.	36.
Castille de Sancho - Abar- ca.	42.	2.	15.	20.
Castillon en Dauphiné.	44.	16.	24.	0.
Castillon en Guienne.	44.	55.	17.	40.
Castillon en Piémont.	45.	19.	26.	15.
Castres.	43.	15.	19.	42.
Castres en Guienne.	44.	45.	16.	50.
Castro.	41.	54.	17.	22.
Cateau en Cambresis.	50.	26.	24.	44.
le Catelet.	50.	23.	21.	25.
Ste Catherine.	47.	14.	18.	17.
Catus.	44.	29.	19.	3.
Cavaillon.	43.	4.	23.	13.
Caudebec.	49.	52.	18.	33.
Cauderet.	44.	33.	17.	20.
Caudescostes.	44.	3.	18.	7.
Caudies.	42.	7.	20.	2.
Caumon D.	44.	24.	17.	45.
la Caune.	43.	21.	20.	20.
la Caunette.	42.	52.	20.	25.
Caussade.	44.	0.	19.	10.
Cauvisson.	43.	5.	22.	9.
Caux.	50.		18.	
Caylus de Bonnet.	44.	4.	19.	21.

	d.	m.	d.	m.
Cazal.	44.	38.	27.	13.
Cazeres.	43.	0.	18.	28.
Cell.	50.	27.	25.	43.
Celle-Dumaise.	46.	10.	19.	36.
Celles.	47.	18.	19.	18.
Cellies.	43.	19.	20.	55.
Ceret.	41.	37.	36.	19.
Cerfroid.	49.	16.	21.	25.
Cerisoles.	44.	10.	26.	42.
Cernai.	49.	30.	23.	4.
Certes.	44.	56.	16.	22.
Cervere.	41.	33.	20.	42.
Cessenou.	42.	58.	20.	46.
Ceve.	43.	46.	26.	51.
Chaalons en Champagne.	49.	8.	22.	40.
Chaalons sur Saone.	46.	34.	23.	12.
Chabanois. *P.*	45.	50.	18.	27.
Chabeüil. *P.*	44.	27.	23.	25.
Chablis.	47.	35.	21.	46.
la Chaise-Dieu.	45.	0.	21.	38.
Chalabre.	42.	33.	19.	27.
Chalais *P.*	45.	25.	17.	29.
Chalamont.	45.	43.	23.	34.
Chalenson.	44.	26.	22.	45.
Chambery.	45.	20.	24.	25.
Chamblis.	49.	25.	20.	10.

	d.	m.	d.	m.
Chambor.	47.	40.	19.	15.
Chambrais.	49.	17.	18.	14.
la Chambre.	44.	59.	24.	49.
Champagnac.	45.	11.	19.	46.
Champagne.	49.		19.	
Champagne-Mouton.	46.	3.	18.	12.
Champenoise.	46.	58.	19.	35.
Champlitte.	47.	42.	23.	40.
Chanac.	44.	8.	21.	18.
Chanceaux.	47.	27.	22.	40.
Chandenier.	45.	35.	16.	39.
Chantoceau.	47.	22.	15.	58.
Chaource.	48.	0.	22.	13.
Charente.	45.	58.	16.	30.
Charges.	44.	6.	24.	54.
la Charité.	47.	2.	20.	57.
Charlemont.	50.	31.	23.	12.
Charleroy.	50.	50.	22.	43.
Charleval.	49.	40.	19.	15.
Charleville. **P.**	50.	10.	22.	58.
Charlieu.	45.	53.	22.	14.
Charmes.	48.	41.	24.	51.
Charolles.	46.	12.	22.	27.
Charroſt.	46.	57.	19.	55.
Charroux.	46.	12.	18.	7.
Chartres. *D.*	48.	36.	19.	25.
la Grande-Chartreuſe.	45.	2.	24.	18.
Chaſlus.	45.	31.	18.	37.
Chaſſelai.	45.	35.	23.	0.
Chaſte.	48.	34.	25.	0.

Chaſteau-

	d.	m.	d.	m.
Chasteau-Briant.	47.	48.——15.		43.
Chasteau Chinon.	46.	53.——21.		57.
Chasteau-Cornet, dans l'Isle de Guernezé.	49.	42.——14.		29.
Chasteau-Daufin.	44.	8.——25.		40.
Chasteaudun D.	48.	10.——19.		7.
Chasteau Giron.	48.	12.——1.		45.
Chasteau-Gontier.	47.	56.——16.		32.
Chasteau-Landon.	48.	11.——20.		40.
Chasteau-Landran.	48.	35.——13.		43.
Chasteau de Latte.	48.	53.——14.		35.
Chasteau-Lin.	48.	4.——12.		25.
Chasteau du Loir.	47.	48.——17.		58.
Chasteau-Meillan.	46.	30.——19.		58.
Chasteau - Palay en Belle-Isle.	47.	7.——13.		40.
Chasteau-Porcien. P.	49.	48.——22.		32.
Chasteau-Punsat.	41.	53.——20.		35.
Chasteau-Regnaud.	47.	4.——18.		35.
Chasteau-Renard.	43.	6.——22.		56.
Chasteau-Renard.	47.	57——20.		58.
Chasteau-Roux. D.	46.	45.——19.		26.
Chasteau-Salins.	49.	11.——25.		2.
Chasteau-Thiebau.	47.	12.——15.		45.
Chasteau-Thiery. D.	49.	12.——21.		35.
Chasteau-Villain. D.	45.	10.——23.		2.
Chasteauneuf en Bourgogne.	47.	2.——22.		22.

	d.	m.	d.	m.
Chasteauneuf en Bresse.	45.	56.	24.	10.
Chasteauneuf sur la Charente.	45.	46.	17.	23.
Chasteauneuf sur le Cher.	46.	48.	20.	8.
Chasteauneuf sur la Loire.	47.	47.	20.	2.
Chasteauneuf sur Lauen	48.	5.	12.	50.
Chasteauneuf prés S. Malo.	48.	47.	14.	57.
Chasteauneuf de Mazenc	44.	0.	23.	25.
Chasteauneuf en Provence.	43.	46.	25.	30.
Chasteauneuf de Randon.	44.	13	21.	42.
Chasteauneuf en Timerais.	48.	44.	19.	15.
Chastel Chalon.	46.	40.	24.	0.
Chatel Aillon. *P.*	46.	8.	16.	12.
Chateleraut. *D.*	46.	57	18.	8.
Chatelus.	46.	12.	19.	50.
la Chateneray.	46.	49	16.	32.
Châtillon en Bazois.	46.	53.	21.	32.
Châtillon en Champagne.	47.	52.	22.	39.
Châtillon sur le Cher.	47.	21.	19.	13.
Châtillon dans la Principauté de Dombes.	45.	50.	23.	15.
Châtillon sur Indre.	47.	4.	18.	56.
Châtillon sur Loin. *D.*	47.	50.	20.	44.

		d.	m.	d.	m.
Châtillon fur Loire.		47.	29.—	20.	31.
Châtillon fur Marne. D.	49.	16.—	21.	57.	
la Chaftre.		46.	32.—	19.	42.
Chaumont.		48.	15.—	23.	27.
S. Chaumont.		45.	6.—	22.	43.
Chaunay.		46.	21.—	17.	40.
Chaune D.		50.	9.—	21.	0.
Chauny.		49.	54.—	21.	29.
Chaufe.		49.	13.—	15.	14.
Chauffin.		46.	52.—	23.	42.
Chauvigny.		46.	42.—	18.	14.
Chef de Caux.		49.	58.—	17.	48.
le Cheilar.		44.	30.—	22.	35.
S. Cheli.		43.	58.—	11.	20.
Chemin François.		49.	—	15.	
Cheneraille.		45.	53.—	20.	3.
Chenonceau.		47.	27.—	18.	45.
Cherbourg.		50.	5.—	15.	19.
Cherny.		47.	50.—	21.	4.
Cheroy.		48.	13.—	21.	5.
le Chefne.		49.	50.—	23.	4.
Chefnebrun.		48.	52.—	18.	37.
Chevaines.		46.	7.—	23.	49.
Chevancy.		49.	53.—	23.	40.
Chevreufe. D.		48.	51.—	19.	59.
Cheftow.		52.	19.—	14.	20.
Chezeal-Benoift.		46.	50.—	19.	52.

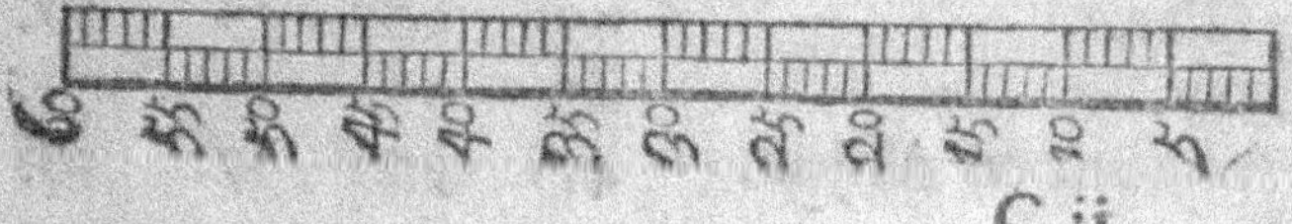

C ij

	d.	m.	d.	m.
Chiavene.	46.	10.——28.	40.
Chier.	44.	26.——26.	44.
Chillon.	46.	10.——25.	40.
Chimai.	50.	26.——22.	42.
Chini.	50.	4.——23.	52.
Chinon.	47.	14.——17.	41.
Chirac.	44.	15.——21.	13.
Chiſſi.	46.	56.——22.	18.
Chivas.	44.	38.——16.	42.
Chizai.	46.	18——17.	7.
Choiſeul *D.*	48.	16.——23.	54.
Chollet.	47.	11.——16.	22.
Chriſtchurch.	51.	22.——15.	40.
la Cieutat.	42.	21.——23	56.
Cinte-Gabelle,	43.	7.——18.	55.
S. Cirq.	44.	22.——19.	18.
Cîteaux.	47.	3.——23.	15.
Civaux.	46.	38.——18.	15.
Claira.	42.	4.——20.	34.
Clairac.	44.	22.——17.	57.
Clamecy.	47.	18.——21.	19.
S. Clar.	43.	48.——18.	12.
S. Claude.	46.	19——24.	23.
Claye , dans le Dunois.	48.	3.——19.	2.
Claye , en l'Iſle de France.	49.	7.——20.	51.
S. Clement.	44.	15.——25.	10.
S. Cler.	49.	27.——19.	37.
Clery.	47.	46.——19.	32.
Clermont en Anjou.	47.	50.——17.	22.

	d.	m.	d.	m.
Clermont en Auvergne.	45.	34.——20.		56.
Clermont en Beauvaisis.	49.	37.——20.		31.
Clermont en Champagne.	49.	23.——23.		23.
Clermont de Lodéve.	43.	7.——21.		14.
Clervaux en Champagne.	48.	15.——22.		53.
Clervaux en Franche-Comté.	47.	37.——25.		15.
Clesmont.	48.	18.——23.		53.
Cléves.	52.	17——24.		40.
Clisson.	47.	10.——15.		59.
S. Clou.	49.	2.——20.		13.
Clugny.	46.	8.——22.		53.
Clumeng.	43.	27.——24.		54.
Cluse.	45.	49.——25.		5.
Cluys.	46.	29.——19.		27.
Coaraze.	43.	11.——16.		49
Coaslin. D.	47.	24.——15.		8
Coblens.	50.	40.——26.		6
Cochem.	50.	35.——25.		40
Cocherel.	49.	16.——19.		15
Cognac.	45.	46.——17.		5
Cogolin.	42.	25.——25.		0
Cogorete.	43.	42.——27.		42
Coiffi.	48.	2.——23.		58
Coire.	46.	43.——28.		41
Col de Largentiere.	43.	53.——25.		45
Colioure.	41.	44.——20.		42

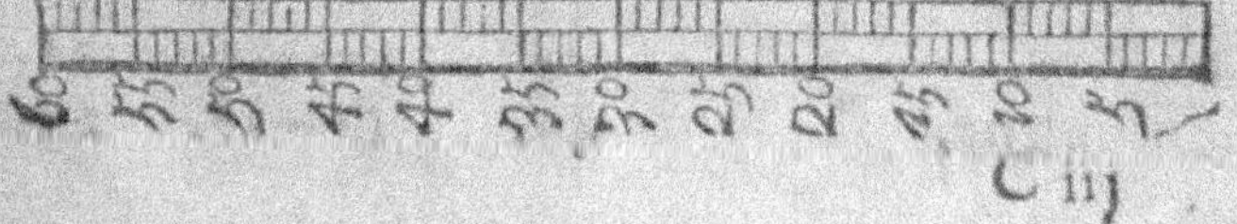

	d.	m.	d.	m.
Colmar.	48.	20 — 26.		5.
Colmars.	43.	40. — 25.		11.
Cologne.	51.	18. — 25.		39.
S. Colombe.	45.	8. — 23.		6.
Colommiers.	48.	57. — 21.		18.
Comarrin.	47.	7. — 22.		37.
Combourg.	48.	33. — 15.		20.
Combraille.	45.	56. — 20.		25.
Come.	45.	26. — 28.		6.
Commercy.	49.	5. — 23.		59.
Comminges.	42.	— 17.		
Comper.	48.	7. — 14.		50.
Compiegne.	49.	40. — 21.		2.
Comprian.	44.	50. — 16.		25.
Comps.	43.	4. — 25.		2.
Comtat-Venaiſſin.	43.	— 23.		
Concarneau.	47.	34. — 12.		41.
Conches en Bourgogne.	46.	40 — 22.		47.
Conches en Gaſcogne.	43.	36. — 16.		52.
Conches en Normandie.	49.	7. — 8.		42.
Concreſſant.	47.	25. — 20.		16.
Condé en Hainault.	50.	50. — 21.		50.
Condé ſur Nereau.	49.	2. — 16.		56.
Condé en Normandie.	49.	1. — 18.		49.
Condé ſur Huiſne.	48.	32. — 18.		35.
Condom.	44.	0. — 17.		45.
Condources.	43.	55. — 23.		41.
Condrieu.	45.	0. — 23.		2.
Conflans.	49.	35. — 24.		21.
Confoulens.	46.	1. — 18.		25.

	d.	m.	d.	m.
Coni.	43.	52.	26.	31.
Conlié.	48.	20.	17.	21.
Connarey.	48.	11.	18.	5.
le Conquee.	48.	15.	11.	34.
Conſtance.	47.	43.	28.	6.
Conty. *P.*	50.	3.	20.	13.
Conzieu.	45.	26.	14.	4.
Corbie.	50.	12.	20.	39.
Corbieres.	42.		20.	
Corbigny *dit* S. Leonard.	47.	2.	21.	38.
Corbigny *dit* S. Marcou.	49.	41.	22.	3.
Cordes.	43.	48.	19.	33.
Cormeilles.	49.	31.	18.	0.
Cormery.	47.	21.	18.	29.
Cormeſduſe.	45.	35.	16.	31.
Cormes-Royal.	45.	43.	16.	29.
Cornas.	44.	26.	23.	10.
Corneillan.	43.	42.	16.	54.
Cornouaille, en Angleter- re.	50.		11.	
Cornouaille, en Bretagne.	47.		12.	
Corps.	44.	26.	24.	27.
Cortay.	48.	13.	13.	45.
Cortemille.	44.	4.	27.	24.
S. Coſme, dans le Perche.	48.	28.	18.	2.

	d.	m.	d.	m.
Cofe.	45.	33.	16.	35.
S. Cofme, en Rouergue.	44.	13.	20.	52.
Cofnac.	45.	18.	16.	42.
Cofne.	46.	18.	20.	45.
Coffe le Vivoin.	48.	5.	16.	15.
Cotignac.	42.	43.	24.	34.
Cove.	46.	27.	17.	45.
Coulogne.	43.	36	18.	20.
Coupetrain.	48.	40.	17.	5.
Courance.	48.	30.	10.	33.
Cournon.	45.	30.	21.	10.
Courfon.	46.	19.	16.	35.
Courtalin.	48.	10.	18.	54.
Courtenay. *P.*	48.	4.	21.	2.
Courtray.	51.	15.	21.	27.
Courville.	48.	39.	19.	7.
Couferans.	42.		18.	
Couftauffa.	42.	25.	19.	51.
Coutances.	49.	24.	15.	42.
Crac.	47.	25.	13.	44.
Craon.	48.	0.	16.	12.
Crapone.	44.	58.	21.	59.
la Crau.	42.		22.	
Creangé.	49.	31.	25.	10.
Creil.	49.	29.	20.	34.
Cremieu.	45.	25.	23.	38.
Creon.	44.	47.	17.	10.
Crepi.	49.	52.	21.	41.
Crequi. *D.*	50.	50.	20.	6.
Creffi fur Loïze.	49.	55.	21.	53.

	d.	m.	d.	m.
Creſſi ſur Morin.	49.	0.——21.		10.
Creſſi , dans le Pontieu.	50.	36.——20.		0.
Creſt.	44.	11.——23.		26.
Crevacorre.	45.	22.——26.		56.
Crevant.	47.	28.——21.		33.
Creuznach.	50.	10.——26.		17.
Criel.	50.	23.——19.		19.
Criers.	46.	28.——15.		41.
S. Chriſtophle.	47.	43.——17.		58.
Croc.	45.	38.——20.		15.
Crodon.	48.	8.——11.		55.
le Croiſic.	47.	12.——14.		31.
la Croiſille.	48.	26.——16.		5.
Cromarci.	47.	26.——24.		34.
Cropiere.	43.	34.——21.		33.
le Crotoy.	50.	34.——19.		34.
Cruſſol.	44.	24.——23.		8.
Cuſac.	45.	2.——16.		57.
Cuſeaux.	46.	21.——23.		42.
Cuſſet.	45.	57.——21.		35.
Cuves.	48.	58.——16.		10.
Cuzeri.	46.	21.——23.		18.

D

	d.	m.	d.	m.
DALEM.	51.	8.——24.		14.
S. Dalmas.	43.	45.——25.		53.
Dam.	51.	47.——21.		25.
Dammartin.	49.	15.——20.		42.

	d.	m.	d.	m.
Damville. D.	49.	3.	18.	56.
Damvilliers.	49.	41.	23.	51.
Dangeau.	48.	22.	19.	2.
Dantelye.	52.	7.	15.	16.
Darmstat.	50.	9.	27.	20.
Darnei.	48.	22.	24.	27.
Dartford.	52.	1.	17.	57.
Dartmouth.	50.	43.	13.	27.
Dax.	43.	53.	15.	57.
Decize.	46.	37.	21.	28.
Deinse.	51.	28.	21.	41.
Delmont.	47.	30.	26.	3.
Demont.	43.	52.	26.	12.
Dendremonde.	51.	28.	22.	20.
S. Denis.	49.	7.	20.	23.
S. Denis d'Anjou.	47.	52.	16.	50.
Derval.	47.	43.	15.	30.
Devonie.	51.		13.	
les Diableres.	48.	40.	15.	19.
Die , en Dauphiné.	44.	19.	23.	52.
S. Die sur Loire.	47.	44.	19.	6.
S. Didier.	44.	55.	22.	26.
Diepe.	50.	19.	19.	3.
Diest.	51.	26.	23.	24.
Dietkirk.	50.	20.	24.	36.
Dieuze.	49.	11.	25.	27.
Digne.	43.	24.	24.	46.
Digoin.	46.	13.	22.	0.
Digoine.	46.	19.	22.	25.
Dijon.	47.	15.	23.	4.

	d.	m.	d.	m.
Dinant sur la Meuse.	50.	39.	23.	10.
Dinant sur la Rance.	48.	39.	14.	49.
Disentis.	46.	32.	27.	52.
Dissay.	46.	49.	18.	0.
Dixmude.	51.	36.	21.	0.
S. Dizier.	48.	49.	23.	16.
Dole.	47.	5.	23.	45.
Dombes. *P.*	45.		23.	
Domfront.	48.	47.	16.	35.
Domme.	44.	49.	18.	51.
Domo.	45.	38.	27.	15.
Doncheri.	50.	4.	23.	6.
le Donjon.	46.	10.	21.	47.
Donzere. *P.*	43.	50.	23.	0.
Donzy. *D.*	47.	16.	20.	58.
le Dorat.	46.	10.	18.	50.
Dorchester.	51.	11.	14.	54.
Dordrec.	52.	25.	22.	56.
Dorne.	46.	31.	21.	18.
Dortan.	46.	10.	24.	10.
Douarnenes.	47.	48.	12.	13.
Doüay.	50.	44.	21.	13.
Doüé.	47.	15.	16.	58.
Dourdan.	48.	38.	19.	58.
Dourlans.	50.	29.	10.	22.
Douvres.	51.	42.	19.	10.
Draguignan.	42.	46.	25.	6.

	d.	m.	d.	m.
Drusenheim.	49.	0.	26.	34.
Ducei.	48.	52.	15.	55.
Duci.	49.	30.	16.	43.
Dud-r.	49.	49.	18.	41.
Duisbourg.	51.	48.	25.	23.
Duitz.	51.	20.	25.	36.
Dun, en Lorraine.	49.	42.	23.	34.
Dun-le-Roy.	46.	46.	20.	26.
les Dunes.	51.	50.	19.	20.
Dunkerque.	51.	35.	20.	42.
Duraz.	44.	40.	17.	39.
Durbuy.	50.	42.	24.	0.
Duretal.	47.	44.	17.	3.
Durevels.	44.	27.	18.	40.
Durlach.	49.	8.	17.	12.
Dusseldorp.	5 .	35.	25.	26.
Dutling.	48.	15.	27.	40.

E

	d.	m.	d.	m.
Ause.	43.	57.	17.	25.
Eberstein.	48.	58.	27.	3.
Ebourn.	51.	16.	8.	10.
Ebrevilles.	45.	57.	21.	4.
Echalens.	46.	33	25.	17.
Echaufour.	49.	1.	8.	2.
Echternac.	50.	15.	24.	54.
Ecoüi.	49.	37	19.	27.
Ecoyeu.	45.	56.	16.	58.
Eglison.	47.	37	27.	18.
Ehingen.	48.	31.	27.	44.
Eimotiers.	45.	37.	19.	20.

Eindhouen.

	d.	m.	d.	m.
Eindhouen.	51.	54.	23.	50.
Eirieu.	45.	18.	23.	25.
Elbœuf. *D.*	49.	35.	18.	51.
Elne.	41.	49.	20.	34.
Embrun.	44.	8.	25.	7.
Emerik.	52.	24.	25.	0.
Saint Emilien.	44.	58.	17.	29.
Encause.	43.	32.	18.	22.
Encre.	50.	19.	20.	47.
Enghien. *D.*	51.	7.	22.	18.
Saint Engrace.	43.	6.	15.	57.
Ensisheim.	48.	6.	26.	4.
Entraigues.	44.	25.	20.	28.
l'Entre-deux mers.	44.		17.	
Epinal.	48.	29.	25.	4.
Epineüil.	46.	24.	20.	29.
Epernay. *D.*	49.	10.	22.	8.
Sainte Eremie.	44.	2.	21.	28.
Erlac.	47.	3.	25.	38.
Ernée.	48.	32.	16.	12.
Erpach.	49.	56.	27.	50.
Ste Escoliasse.	48.	50.	18.	4.
Escoumoi.	47.	55.	17.	45.
Escoulobre.	42.	6.	19.	40.
Eslingen.	48.	56.	28.	3.
Espagnac.	43.	58.	21.	35.
Espaliou.	44.	16.	20.	50.

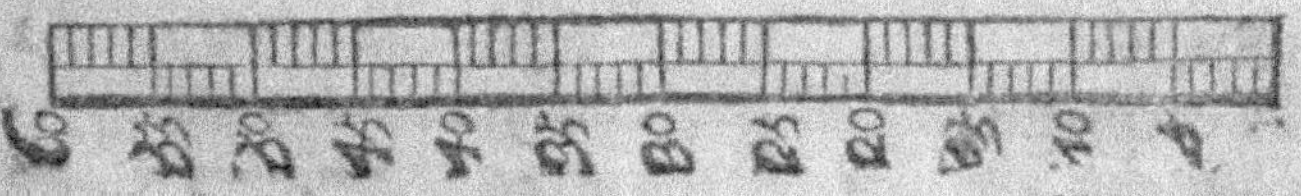

D

	d.	m.	d.	m.
Epernon.	48.	45.	19.	35.
l'Eperon.	44.	11.	15.	52.
les Essars.	46.	54.	16.	0.
Essex.	52.		18.	
Essey.	48.	50.	17.	55.
Essidiicil.	45.	20.	18.	40.
Essigneux.	44.	48.	22.	12.
Essone.	48.	40.	10.	32.
Estafort.	44.	1.	18.	3.
Estagel.	42.	5.	20.	20.
Estain.	44.	17.	20.	43.
Estampes. D.	48.	31	20.	5.
Estan.	43.	55.	17.	0.
Estang de long-pendu	46.	29.	22.	40.
Estang de Verdes.	48.	1.	19.	16.
Estaples.	50.	55.	19.	42.
Estein.	49.	36.	14.	10.
Estella.	42.	47.	14.	22.
St Estevan.	43.	18.	15.	5.
St Esteye.	43.	40.	25.	57.
St Estienne.	45.	3.	22.	32.
Estoliers.	45.	15.	16.	54.
Estouteville. D.	50.	5.	18.	46.
Estreham.	49.	40.	17.	10.
Esvaon.	45.	58.	20.	16.
Etrepagni.	49.	37.	19.	33.
Etretal.	50.	10.	18.	3.
Eu. C.	50.	23.	19.	23.
Everghem.	51.	36	21.	55.
Eviam.	46.	9.	25.	23.

	d.	m.	d.	m.
Evreux. *D*	49.	18.—19.	2.
Evron.	48.	23.—16.	56.
Exea.	42.	5.—15.	48.
Exester.	51.	14.—13.	45.
Exilles.	44.	37.—25.	44.
Exmouth.	51.	4.—13.	54.

F

	d.	m.	d.	m.
FALAISE.	49.	10.—17.	11.
Falces.	42.	32.—14.	47.
Falmouth	50.	46.—11.	37.
Fagnaux, *dit* Fanjaux.	42.	51.—19.	26.
Farham.	51.	20.—16.	14.
le Fau.	47.	19.—18.	36.
Faucognoy.	48.	4.—25.	0.
le Favoet.	47.	58.—13.	18.
Fauquemont.	51.	10.—24.	23.
Fayence.	42.	55.—25.	23.
Fecamp.	50.	10.—18.	15.
Feletin.	45.	38.—20.	2.
S. Felix.	43.	6.—19.	20.
la Fere.	49.	57.—21.	37.
Fere Champenoise.	48.	49.—22.	14.
S. Fergeau. *D.*	47.	33.—20.	47.
S. Ferreol.	45.	0.—22.	27.
Ferrete.	47.	46.—25.	54.

	d.	m.	d.	m.
la Ferté sur Aube.	48.	11.—22.	49.
la Ferté Allais.	48.	35.—20.	22.
la Ferté saint Aubin.	47.	42.—19.	38.
la Ferté d'Aurain.	47.	32.—19.	34.
la Ferté Bernard.	48.	22.—18.	21.
la Ferté au Col.	49.	10.—21.	22.
la Ferté sur Crosne.	46.	24.—23.	0.
la Ferté Imbaut.	47.	23.—19.	40.
la Ferté Loupiere.	47.	47.—21.	15.
la Ferté Macé.	48.	49.—17.	2.
la Ferté Milon.	49.	20.—21.	20.
la Ferté en Tartenois.	49.	21.—21.	44.
la Ferté dans le Vexin.	49.	52.—19.	29.
la Ferté au Vidame.	48.	48.—18.	42.
la Ferté Villeneuve.	48.	3.—19.	8.
Feüillans.	43.	8.—18.	29.
Feurs.	45.	27.—22.	20.
Figeac.	44.	27.—19.	40.
Final.	43.	29.—27.	20.
Fismes.	49.	30.—21.	55.
Flavigny.	47.	23.—22.	33.
la Fléche.	47.	48.—17.	15.
Fleurence.	43.	51.—17.	58.
Fleurey.	47.	12.—12.	50.
Fleuri.	49.	39.—19.	15.
Flekstein.	49.	14.—26.	35.
Flessingue.	52.	2.—21.	56.
Florac.	43.	52.—21.	38.
Florensac.	42.	45.—21.	15.
Saint Florentin sur Larman-			

	d.	m.	d.	m.
con.	47.	54.——21.		50.
S. Florentin sur le Lot.	44.	22.——10.		36.
S. Flour..	44.	44.——21.		2.
Foix. *D.*	42.	37.——19.		6.
Folembray.	49.	49.——21.		30.
Fontenay Labatu.	46.	24.——16.		55.
Fontenay le Chastel.	48.	10.——24.		34.
Fontenay le Comte.	46.	35.——16.		30.
Fontainebleau.	48.	27.——20.		45.
Fontaine Françoise. *P.*	47.	32.——23.		30.
Fontarabie.	43.	30.——14.		55.
Fontevrault.	47.	13——17.		23.
la Force. *D.*	44.	53.——17.		54.
Forest Noire.	48.	——27.		
Forest de Vert.	45.	9.——18.		23.
Forez.	45.	——22.		
Forge.	49.	53.——19.		30.
Fort des Aringues.	46.	0.——25.		6.
Fortcalquier.	43.	23.——24.		7.
Fort sainte Catherine.	46.	0.——24.		31
Fort Loüis.	48.	59.——26.		59
Fort Deskinx.	52.	28.——24.		42
Fos.	42.	50.——14.		45
Fossan.	44.	0.——26.		38
le Fou.	48.	9.——12.		21
Fougereul.	48.	7.——24.		47
Fougeres.	48.	35.——15.		50

	d.	m.	d.	m.
e Four.	48.	28.	11.	35.
le Fouseret.	43.	6.	18.	20.
Ste Foy.	44.	49.	17.	47.
Foye.	50.	50.	12.	18.
Francalleu.	45.		20.	
la Francoise.	43.	59.	18.	42.
Francfort.	50.	22.	27.	25.
Frankendal.	49.	45.	27.	0.
Franvenfeld.	47.	35.	27.	50.
S. Frechoux.	43.	10.	17.	55.
Frejus.	42.	37.	25.	25.
Fresnay.	48.	33.	17.	33.
Fresceval.	48.	3.	18.	51.
Fribourg en Brisgaw.	48.	16.	26.	37.
Fribourg dans la Suisse.	46.	45.	25.	47.
Fromigny.	49.	41.	16.	26.
Fronsac. D.	44.	58.	17.	12.
Frontignan.	42.	44.	21.	40.
Fronton.	43.	38.	18.	48.
Fruting.	46.	30.	26.	20.
Fumelle.	44.	28.	18.	38.
Furnes.	51.	40.	20.	55.

G

	d.	m.	d.	m.
G ABARET.	44.	7.	17.	25.
S. Gabriel.	42.	55.	22.	48.
Gaillac.	43.	36.	19.	30.
Gaillon.	49.	27.	19.	19.
S. Gal.	47.	24.	18.	19.

	d.	m.	d.	m.
Galan.	43.	13.	—17.	29.
Galerande.	47.	48.	—17.	27.
Gamache.	50.	21.	—19.	30.
Gand.	51.	32.	—22.	0.
Gange.	43.	23.	—21.	40.
Gannat.	45.	57.	—21.	13.
Gap.	44.	7.	—24.	39.
la Gardie.	42.	33.	—25.	10.
Garefon.	43.	8.	—17.	38.
la Gatnache.	46.	56.	—15.	24.
Garris.	43.	30.	—15.	44.
Gaffey.	49.	7.	—17.	52.
Gaftinois.	48.		—20.	
Gavi.	44.	3.	—27.	45.
Gaujac.	43.	48.	—16.	12.
Gaurei.	49.	15.	—15.	45.
S. Gautier.	46.	36.	—19.	4.
Geaune.	43.	42.	—16.	42.
Gemblours.	50.	58.	—23.	2.
les deux Gemeaux.	49.	42.	—16.	28.
S. Gemes.	48.	46.	—15.	51.
Gemund.	49.	5.	—28.	39.
Gençay.	46.	31.	—17.	56.
Genep.	52.	9.	—24.	30.
Genés.	43.	48.	—28.	3.
Genet.	49.	0.	—15.	36.
Geneve.	46.	9.	—24.	46.

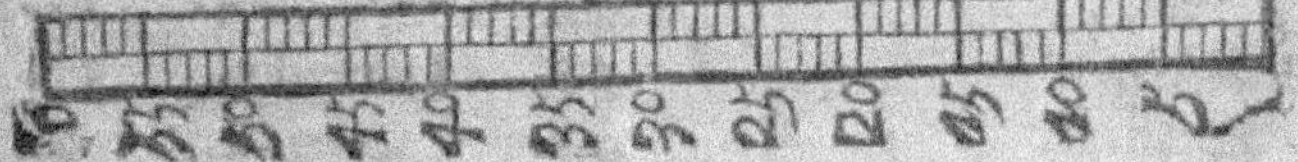

	d.	m.	d.	m.
Geneville.	49.	40.——22.		41.
Mont Geneure.	44.	27.——25.		33.
Gengembach.	48.	40.——16.		46.
S. Gengoux.	46.	16.——22.		53.
S. Genies.	43.	17.——22.		11.
S. Genis l'Argentiere.	45.	26.——22.		43.
S. Genis l'Hoste.	45.	19.——24.		8.
Genoüillac.	43.	45.——22.		2.
S. George de Lusanson.	43.	38.——10.		48.
Gerberoy.	49.	50.——19.		57.
Gergeau.	47.	46.——19.		59.
S. Germain Lambrun.	45.	13.——21.		6.
S. Germain Laval.	45.	40.——22.		0.
S. Germain en Laye.	49.	8.——10.		2.
Germersheim.	49.	23.——27.		3.
Gerolzek.	48.	34.——26.		44.
Gerresheim.	50.	2.——27.		9.
S. Gervais	43.	8.——20.		45.
Gex.	46.	15.——24.		37.
Gien sur la Loire.	47.	38.——20.		30.
Gien en Provence.	42.	6.——24.		36.
Gignac.	43.	7.——21.		25.
S. Gilles en Languedoc.	42.	53.——22.		28.
S. Gilles en Bretagne.	46.	43——15.		20.
Gimone.	43.	30.——18.		13.
S. Gingo.	46.	6.——25.		34.
S. Girons.	42.	48.——18.		26.
Gis.	47.	28.——24.		17.
Gisors.	49.	35.——19.		37.
Givaudan.	44.	——21.		

	d.	m.		d.	m.
Givors.	45.	13.	—	23.	4.
Givri.	46.	34.	—	22.	58.
Glandeve.	43.	20.	—	15.	30.
Glaris.	46.	51.	—	27.	53.
Gleinic.	46.	6.	—	19.	31.
Gloigole.	45.	0.	—	19.	32.
Glocester. C.	52.		—	14.	
Goch.	52.	6.	—	24.	40.
Godalming.	51.	45.	—	17.	6.
Mont S. Godart.	46.	20.	—	27.	30.
Gondrecourt.	48.	43	—	23.	50.
Gondrin.	43.	56.	—	17.	32.
Gorée.	52.	20.	—	22.	12.
Gorkum.	51.	27.	—	23.	19.
Gorri.	42.	2.	—	18.	20.
Gorroin.	48.	30.	—	16.	17.
Gorse.	49.	27.	—	24.	28.
Goulene.	47.	19.	—	15.	43.
Gouriu.	48.	0.	—	13.	2.
Gourdan.	45.	33.	—	23.	36.
Gourdon.	44.	40.	—	19.	3.
Gournay.	49.	44.	—	19.	40.
Gouvin.	50.	25.	—	22.	54.
Graçay.	47.	10.	—	19.	26.
la Grace.	42.	35.	—	20.	6.
Gramond du Brabant.	51.	13.	—	22.	4.
Gramond en Guienne D.	43.	32.	—	15.	48.

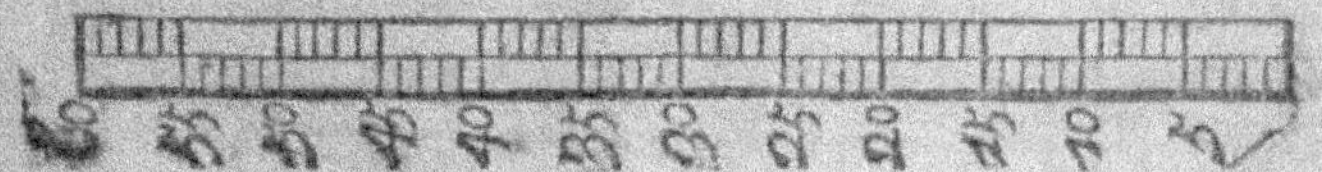

	d.	m.	d.	m.
Gramond dans le Limo-fin.	45.	56.	19.	14.
Grancey.	47.	43.	25.	5.
Grandpré.	49.	38.	23.	16.
Granfon.	46.	51.	25.	15.
Granville.	49.	6.	15.	30.
Graffe.	42.	55.	25.	36.
Grave.	52.	12.	24.	15.
la Grave.	44.	36.	24.	51.
pas de Grave.	45.	27.	16.	0.
Gravedona.	45.	54.	18.	33.
Graveline.	51.	28	20.	18.
la Gravelle.	48.	15.	16.	6.
Gravefend.	52.	3	18.	7.
Grecentin.	44.	41.	26.	54.
Grenade fur la Garonne.	43.	33.	18.	41.
Grenade fur la Dour.	43.	52.	16.	44.
Grenevich..	52.	2.	17.	57.
Grefin. P.	46.	3.	24.	17.
Grefenbrux.	51.	25.	25.	18.
Grey.	47.	25.	23.	46.
Grimaule.	42.	28.	25.	7.
Grifenzée.	47.	20.	17.	33.
Grifolles.	43.	38.	18.	48.
Gueldre.	51.	56.	24.	49.
Guemund fur Mein.	50.	26.	29.	3.
Guemund fur le Sar.	49.	34.	25.	46.
Guer.	47.	54.	14.	40.
Guerande.	47.	16.	14.	40.
Gueret.	45.	57.	19.	38.

	d.	m.	d.	m.
la Guibray.	49.	10.—17.	16.	
Gucihe.	43.	42.—15.	35.	
la Guierche en Bretagne.	48.	2.—15.	55.	
la Guierche dans le Maine.	48.	18.—17.	40.	
S. Guildas.	47.	20.—14.	6.	
Guildfort.	51.	46.—17.	12.	
Guillaumes.	43.	31.—25.	35.	
S. Guillem le desert.	43.	16.—21.	26.	
Guillestre.	44.	11.—25.	15.	
Guimene. P.	47.	57.—13.	40.	
Guincamp.	48.	33.—13.	39.	
Guines.	51.	20.—19.	56.	
la Guiole.	44.	21.—20.	44.	
Guise. D.	50.	12.—21.	50.	
S. Guislain.	50.	51.—22.	6.	
Guitres.	45.	6.—17.	21.	
Guinemberg.	51.	17.—23.	5.	
Gustavebourg.	50.	20.—26.	54.	

H

HAGEMAU.	43.	45.—16.	17.	
Haguenau.	49.	3.—16.	38.	
Hailbron.	49.	25.—28.	10.	
Hall en Allemagne.	49.	23.—29.	0.	
Hall en Flandre.	51.	8.—22.	31.	

	d.	m.	d.	m.
Ham.	50.	7.—21.	17.
Hainaut.	50.	—22.	
Hanau.	50.	25.—27.	41.
Hannuye.	51.	6.—23.	22.
Hantoncour.	52.	3.—17.	15.
Hapsburg.	47.	30.—26.	55.
Harfleur.	49.	57.—18.	2.
Harlebec.	51.	17.—21.	32.
la Harrie.	44.	15.—15.	59.
Hartland.	51.	40.—12.	42.
Hasting.	51.	21.—18.	32.
Hateuvin. *D.*	49.	47.—20.	45.
Hatherlay.	51.	20.—13.	6.
Hattonchastel.	49.	23.—14.	10.
Havre d'Arcachan.	44.	50.—16.	12.
Havre de Grace.	49.	54—17.	52.
Hauterive.	43.	10.—18.	50.
la Haye.	47.	2.—18.	15.
Heidelberg.	49.	34.—28.	2.
Heinsberg.	51.	30.—24.	37.
Heitersheim. *P.*	48.	10 —26.	27.
Helmont.	51.	53.—24.	2.
Hennebont.	47.	42.—13.	35.
Herbitzheim.	49.	26.—25.	52.
Herentals.	51.	38.—23.	8.
Herisson.	46.	22.—20.	38.
Hermansteim.	50.	43.—26.	15.
Ste Hermine.	46.	40.—16.	15.
Hesdin.	50.	45.—20.	8.
Heusden.	52.	17.—23.	28.

Hiesmes

	d.	m.	d.	m.
Hiefmes.	49.	4.	17.	40.
St Hipolite dans les Ceven-nes.	43.	23.	21.	54.
Saint Hipolite en Franche-Comté.	47.	31.	25.	29.
St Hirier.	45.	27.	18.	50.
Hirfon.	50.	14.	22.	25.
Hith.	51.	37.	19.	0.
Hocht.	50.	22.	27.	15.
Hochftrate.	51.	55.	23.	8.
Hoenwicl.	47.	55.	27.	35.
la Hogue.	50.	5.	16.	2.
Hombourg.	49.	48.	25.	53.
Homfleur.	49.	45.	18.	2.
Honcourt.	50.	25.	21.	24.
Hontans.	43.	53	16.	53.
Horb.	48.	33.	27.	29.
Horn.	51.	40.	24.	22.
Houdan.	49.	0.	19.	31.
St Hubert.	50.	25.	23.	52.
le Huelgoit.	48.	21.	12.	54.
Huefca.	41.	55.	16.	32.
Hulft.	51.	46.	22.	21.
Huningue.	47.	52.	26.	7.
Hunfipill.	51.	48.	14.	2.
Hurepoix.	48.		19.	
Hurfit.	51.	12.	15.	49.

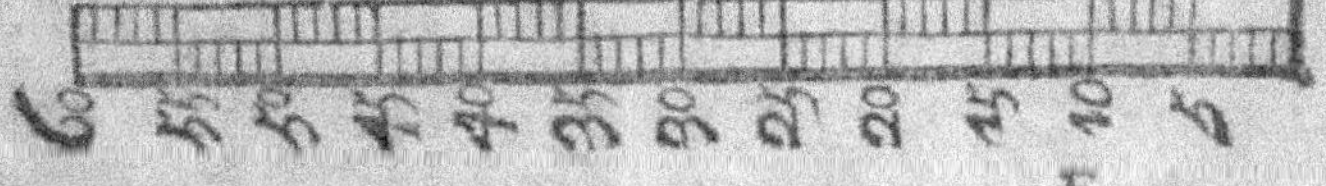

	d.	m.	d.	m.
Huy.	50.	58.	23.	42.

J

J A c A.	42.	32.	16.	29.
Ste Jaille.	43.	46.	23.	43.
Jaizi.	46.	35.	21.	58.
Jaligny.	46.	14.	21.	36.
Jamets.	49.	46.	23.	50.
Janville.	48.	19.	19.	44.
Janquillet.	44.	21.	16.	6.
Jarnage.	46.	0.	20.	2.
Jarnac.	45.	49.	17.	16.
Jarze.	47.	38.	17.	2.
Javoulx.	44.	23.	21.	22.
Jauron.	48.	36.	17.	3.
St Ibar.	42.	57.	18.	46.
M. S. Jean.	47.	8.	22.	16.
S. Jean d'Angely.	46.	5.	16.	47.
S. Jean de Bournay.	45.	8.	23.	30.
S. Jean du Breüil.	43.	35.	21.	15.
S. Jean de Foz.	43.	10.	21.	22.
S. Jean de Luz.	43.	30.	15.	4.
S. Jean de Morienne.	44.	53.	24.	55.
S. Jean de Pié-de-Porc.	43.	17.	15.	27.
S. Jean de l'Osne.	47.	2.	23.	24.
Jegum.	43.	44.	17.	46.
Jeuffey.	48.	3.	15.	45.
Ilantz.	46.	34.	28.	15.
Ilchester.	51.	31.	14.	28.
Illa.	41.	57.	20.	12.
Illiers.	48.	28.	19.	3.

	d.	m.	d.	m.
Ingelheim.	50.	19.	26.	36.
Ingrande.	46.	37.	18.	40.
Jocelin.	47.	58.	14.	29.
Joigni.	47.	55.	21.	22.
Jogni.	46.	52.	25.	2.
Joinville P.	48.	37.	23.	26.
Junquiere.	41.	32.	20.	30.
Jonvelle.	48.	7.	24.	20.
Jonzac.	45.	30.	17.	2.
Joux.	46.	57.	24.	56.
Jouy le Chaftel.	48.	43.	21.	23.
Joyeufe D.	43.	58.	22.	19.
Ifarambe.	51.	50.	13.	13.
Ifendic.	51.	52.	21.	54.
Ifigny.	49.	41.	16.	10.
l'Ifle de Bas.	48.	45.	12.	40.
Ifle Aldernay où eft Ori-gni.	50.	3.	14.	44.
Ifle Dieu.	46.	42.	15.	7.
Ifle Glenan.	47.	25.	12.	35.
Ifle Grovais.	47.	28.	13.	20.
Ifle Guernezé.	49.	40.	14.	30.
Ifle faint Honorat.	42.	44.	25.	49.
Ifle Jerzé.	49.	33.	15.	0.
Ifle Landie.	51.	50.	12.	40.
Ifle du Levant.	42.	4.	25.	10.
Ifle faint Marcou.	49.	52.	16.	13.

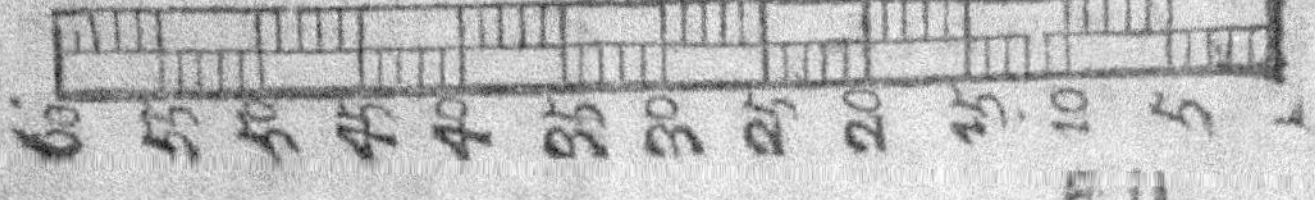

	d.	m.	d.	m.
Isle sainte Marguerite.	42.	46.	25.	48.
Isle Molene.	48.	20.	11.	15.
Isle Nermoustier.	46.	55.	14.	59.
Isle d'Oleron.	45.	51.	15.	52.
Isle d'Ouessant.	48.	25	11.	2.
Isle Porquerolles.	42.	0.	24.	47.
Isle Portecroz.	42.	0.	25.	4.
Isle de Ré.	46.	14.	15.	34.
Isle de Wich.	51.	10.	16.	7.
les sept Isles.	49.	5.	13.	7.
Issigeac.	44.	42.	18.	7.
Issoire.	45.	20.	21.	8.
Issoudun.	46.	59.	19.	43.
Istres.	42	35.	23.	6.
S. Ithyes.	51.	2.	11.	24.
Jugon.	48.	35.	14.	31.
S. Julien dans le haut Languedoc.	43.	14.	19.	23.
S. Julien de Vouvantes.	47.	40.	15.	55.
S. Junien.	45.	48.	18.	41.
Jussi.	48.	0.	14.	16.
S. Just en Rouergue.	43.	50.	20.	6.
S. Just dans le Roannés.	45.	44.	21.	52.
S. Justin.	44.	6.	16.	58.
Mont-Justin.	47.	47.	24.	48.
Izy l'Evêque.	46.	30.	21.	59.

K

	d.	m.	d.	m.
KARHAIS.	48.	13.	13.	10.
Keill.	48.	48.	26.	33.
Kempen.	51.	44.	24.	58.

	d.	m.	d.	m.
Kent.	51.		—18.	
la Kenoque.	51.	31.	—20.	56.
Kerpen.	51.	11.	—25.	20.
Keisersperg.	48.	25.	—25.	56.
Keiservert.	51.	40.	—25.	22.
Kibourg.	47.	25.	—27.	38.
Kingeston.	52.	0.	—17.	21.

L

	d.	m.	d.	m.
LAc Majeur.	45.		—27.	
Ladembourg.	49.	43.	—17.	25.
Lagny.	49.	0.	—10.	50.
Lagnieu.	45.	35.	—23.	47.
Lagonne.	44.	18.	—21.	48.
Laigle.	49.	2.	—18.	19.
Lamballe.	48.	34	—14.	16.
Lambesc.	42.	53.	—23.	33.
Lamothe.	48.	28.	—24.	5.
Landau.	49.	26.	—16.	54.
la Landcherou.	49.	7.	—15.	55.
Landeleau.	48.	7.	—13.	6.
Landiviseau.	48.	29.	—12.	24.
Landes.	44.		—16.	
Landrecy.	50.	26.	—12.	0.
Lanes-End.	50.	55.	—11.	5.
Landstul.	49.	42.	—26.	13.
Langeac.	44.	48.	—21.	27.
Langest.	47.	26.	—17.	57.

	d.	m.	d.	m.
Langon.	44.	33.——17.	8.
Langres *D.*	47.	58.——23.	35.
Lanhouarneau.	48.	35.——12.	15.
Lanflebourg.	44.	55.——25.	35.
Lannion.	48.	43.——13.	8.
Lans.	44.	47.——26.	22.
Lanfperg.	48.	17.——25.	56.
Laon *D.*	49.	50.——21.	54.
Larzicourt.	48.	50.——23.	0.
Laffay.	48.	37.——16.	45.
Lafeu d'Urgel.	41.	46.——18.	50.
Laval.	48.	15.——16.	28.
Lavardin.	48.	21.——17.	25.
Lavaur.	43.	23.——19.	21.
Lauffembourg.	47.	44.——26.	44.
Lavit de Lomagne.	43.	47.——18.	20.
Launoy.	50.	0.——22.	47.
Launfton.	51.	9.——12.	45.
Lavolon.	48.	36.——13.	50.
Lauragois.	42.	——19.	
S. Laurens.	47.	44.——19.	28.
Lauferte.	44.	10.——18.	40.
Laufet.	43.	57.——25.	25.
Lauterek.	50.	0.——26.	7.
Lautrec.	43.	20.——19.	36.
Laufane.	46.	23.——25.	15.
Lauzun.	44.	34.——17.	58.
Lechnich.	51.	5.——25.	28.
Lecluze.	51.	51.——21.	33.
Lecco.	45.	32.——28.	24.

	d.	m.		d.	m.
S. Leger.	46.	24.—17.			21.
Leigne.	47.	50.—22.			27.
Leitoure.	43.	56.—18.			0.
Lembege.	43.	31.—16.			56.
Lenmur.	48.	36.—12.			56.
Lens.	50.	50.—10.			56.
Lens.	45.	50.—23.			32.
Lenvilis.	48.	30.—11.			53.
S. Leonard.	45.	44.—19.			12.
Lerin.	42.	33.—14.			28.
Lescar.	43.	29.—16.			30.
Lescun.	43.	0.—16.			10.
Lescure.	43.	36.—19.			49.
Lesdergues.	43.	47.—20.			8.
Lesdiguieres D.	44.	21.—24.			33.
Lesignan.	42.	37.—20.			18.
Lesparre.	45.	15.—16.			11.
Lespaux.	46.	5.—20.			15.
Leucate.	42.	12.—20.			45.
Leuch.	46.	0.—26.			24.
Leuroux.	45.	58—19.			23.
Leuves.	51.	23.—17.			48.
Leyran.	42.	37.—19.			21.
Lezartpointe.	50.	41.—11.			30.
Lezat.	43.	12.—18.			48.
Lezay.	46.	25.—17.			30.
S. Lezer.	42.	50.—18.			20.

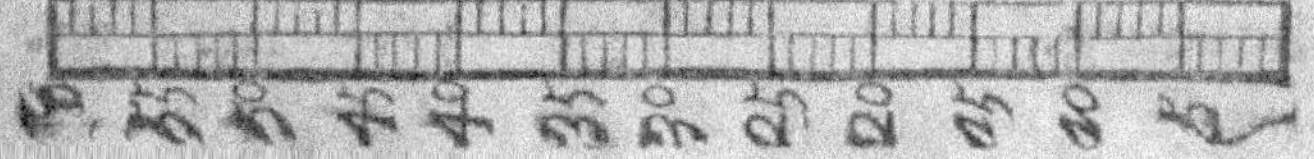

	d.	m.	d.	m.
Lezoux.	45.	37.	21.	27.
Libersac.	45.	22.	19.	2.
Libourne.	44.	57.	17.	25.
Liechtensteg.	47.	141.	27.	57.
Liege.	51.	6.	24.	0.
Liencourt *D.*	49.	35.	20.	32.
Liere.	51.	35.	22.	52.
Nôtre-Dame de Liesse.	49.	52.	22.	6.
Lieuvin.	49.		18.	
Lieurray.	49.	29.	18.	12.
Ligne.	51.	3.	22.	0.
Ligneres.	46.	42.	19.	54.
Ligny.	48.	56.	23.	42.
Ligny le Chau.	47.	41.	21.	44.
Ligueil.	47.	7.	18.	25.
Lillebonne.	49.	53.	18.	21.
Lille dans le Venaissin.	43.	14	23.	19.
Lille Adam.	49.	22	20.	11.
Lille sur le Dou.	47.	44.	25.	16.
Lille en Flandres.	51.	5.	21.	12.
Lille Jourdain sur la Save.	43.	26.	18.	21.
Lille Jourdain sur la Vienne.	46.	22.	18.	27.
Lille sur le Tarn.	43.	34	19.	19.
Lilliers.	51.	0.	20.	36.
Lillo.	51.	47.	22.	35.
Limagno.	45.		21.	
Limbourg.	50.	56.	24.	30.
Lime.	51.	16.	14.	22.

	d.	m.	d.	m.
Liminto.	51.	16.—15.	51.
Limoges.	45.	46.—19.	0.
Limours.	48.	45.—20.	2.
Limoux.	42.	36.—19.	39.
Linange.	49.	48.—26.	41.
Lindau.	47.	37.—28.	31.
la Linde.	44.	52 —18.	21.
Link.	51.	22.—20.	24.
Lintz.	51.	0.—25.	55.
Lion.	45.	25.—23.	7.
Lion le Saunier.	46.	32.—23.	53.
le Lion d'Angers.	47.	40.—16.	25.
Lions.	49.	42.—19.	25.
Lipostey.	44.	29.—16.	20.
Lisbourg.	50.	56.—20.	18.
Lisle Bouchart.	47.	10.—17.	57.
Lisle en Dodon.	43.	14.—18.	2.
Liverdun.	49.	8.—24.	30.
Livron.	44.	13.—23.	13.
Lixim.	49.	6.—25.	56.
S. Lizier.	44.	34.—21.	22.
Lizieux.	49.	27.—17.	50.
S. Lo.	49.	30.—16.	10.
Locarne.	45.	51.—27.	33.
Loches.	47.	10.—18.	47.
Locrevan.	47.	54.—12.	20.

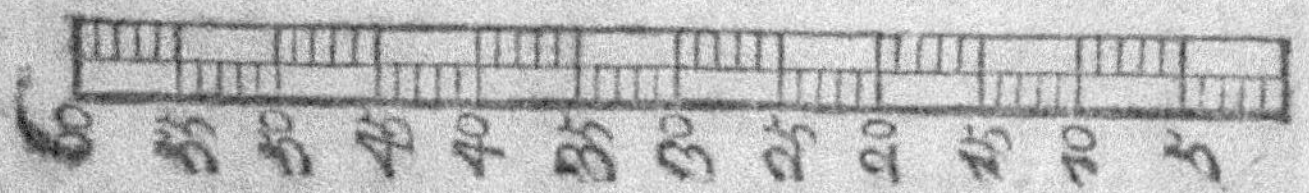

	d.	m.	d.	m.
Lodeac.	48.	12.	— 14.	15.
Lodeve.	43.	16.	— 21.	9.
Logan.	45.	44.	— 27.	48.
Logny.	48.	41.	— 15.	29.
Lohans.	46.	28.	— 23.	30.
Loheac.	47.	52.	— 15.	14.
Lombés.	43.	18.	— 18.	13.
Lombers.	43.	27.	— 19.	37.
Lominé.	47.	48.	— 14.	2.
Londres.	52.	10.	— 17.	32.
Longemeau.	48.	49.	— 20.	15.
Longueville *D.*	50.	8.	— 19.	3.
Longui.	49.	53	— 24.	15.
Lorgues.	42.	43	— 24.	54.
Loriol.	44.	12.	— 23.	14.
Lorris.	47.	52.	— 20.	25.
S. Lothain.	46.	47.	— 24.	0.
Loudun *D.*	47.	8.	— 17.	30.
S. Loup en Franche-Com-té.	47.	27.	— 24.	0.
S. Loup en Poitou.	46.	56.	— 17.	18.
Lourde.	43.	6.	— 16.	54.
Louvestein.	52.	23.	— 23.	23.
Louviers.	49.	29.	— 19.	2.
Loy.	47.	2	— 13.	58.
Luc.	44.	10.	— 24.	0.
le Luc *P.*	46.	56.	— 15.	47.
le Luc.	42.	37.	— 24.	50.
Lucé.	48.	0.	— 17.	57.
Lucenay Levesque.	46.	51.	— 22.	15.

	d.	m.	d.	m.
Lucerne.	46.	58.	27.	0.
Luche.	47.	47.	17.	31.
le Lude.	47.	44.	17.	37.
Luines *D.*	47.	32.	18.	7.
Lumbier.	42.	45.	15.	37.
Lumelle.	44.	41.	27.	33.
Luna.	42.	6.	15.	44.
Lunel.	42.	56.	22.	5.
Luneville.	48.	55.	25.	5.
Lupiac.	43.	44.	17.	16.
Lure.	47.	52.	24.	58.
Luri.	47.	8.	19.	44.
Luferne.	44.	15.	26.	1.
Luffac le Chau.	46.	30.	18.	20.
Luffac les Eglifes.	46.	24.	18.	49.
Luffan.	43.	38.	22.	23.
Luffon.	46.	31.	16.	5.
Lux.	42.	51.	16.	57.
Luxembourg *D.*	50.	0.	24.	31.
Luxeul.	48.	0.	24.	47.
Luzets.	44.	26.	19.	2.
Luzignan.	46.	35.	17.	36.
Lyre.	49.	7.	18.	25.

M

S. M ACAIRE.	44.	36.	17.	14.
Macau.	45.	3.	16.	40.
Machecou.	47.	3.	15.	20.

	d.	m.	d.	m.
Madenhead.	52.	6.—16.		50.
Madia.	45.	55.—27.		27.
Magalas.	42.	54.—21.		0.
Magesc.	44.	0.—15.		35.
la Magistere.	44.	3.—18.		16.
Magni.	49.	25.—19.		41.
Maguelone.	42.	48.—21.		50.
S. Mahé.	48.	13.—11.		43.
Maidstone.	51.	50.—18.		14.
Maignac.	46.	12.—19.		0.
Maillesais.	46.	30.—16.		35.
Mailli.	50.	24. 20.		40.
Malemort.	42.	56.—23.		25.
Malestrou *P.*	47.	50.—14.		36.
Malicorne.	47.	57.—17.		24.
Malines.	51.	27.—22.		45.
Malmedy.	50.	42.—24.		40.
Malmesburi.	52.	12.—15.		14.
S. Malo.	48.	54.—14.		55.
S. Malo de Beignon.	48.	0.—14.		53.
Malziou.	44.	31.—21.		24.
Manderchist.	50.	34.—25.		24.
Manhein.	49.	41.—27.		13.
Manosque.	43.	11.—24.		10.
le Mans.	48.	8.—17.		41.
Mans lez S. Genoux.	46.	1.—17.		47.
Mante.	49.	15.—19.		38.
Mantelan.	47.	10.—18.		23.
Marais Depéel.	52.	0—24.		10.
Marans.	46.	24.—16.		21.

S. Marcel.

	d.	m.	d.	m.
S. Marcel en Berry.	46.	33 —19.		13.
S. Marcel en Vivarés.	43.	48.— 22.		48.
S. Marcelin.	44.	48.—23.		47.
Marche.	50.	36.—23.		52.
Marchenoire.	47.	57 —19.		4.
Marcillac.	44.	13 —20.		18.
Mardik.	51.	36.—20.		25.
Maremouſtier.	47.	34.—18.		23.
Marennes port de mer.	44.	8.—15.		32.
Marennes en Saintonge.	45.	47.— 16.		9.
Mareüil.	45.	30.—17.		57.
P. S. Marie.	44.	16.— 7.		58.
Marienbourg.	50.	19.—22.		53.
Mariendal *P*.	49.	46.— 28.		55.
les trois Maries.	42.	34.—22.		30.
Marignane.	42.	32.—23.		23.
Marimon.	50.	53. —22		30.
Maringues.	45.	44 —21.		22.
Marmande.	44.	30.—17.		42.
Marnei.	47.	21.—14.		8.
Marquefave.	43.	7 —18.		38.
S. Mars.	48.	9 —21.		55.
Marſal.	49.	10.— 25.		15.
Marſeille.	42.	26.—23.		42.
Marſeillettes.	42.	45.—20.		2.
Marſenac.	45.	7.— 20		44.
Marſiac.	43.	33.—17.		13.

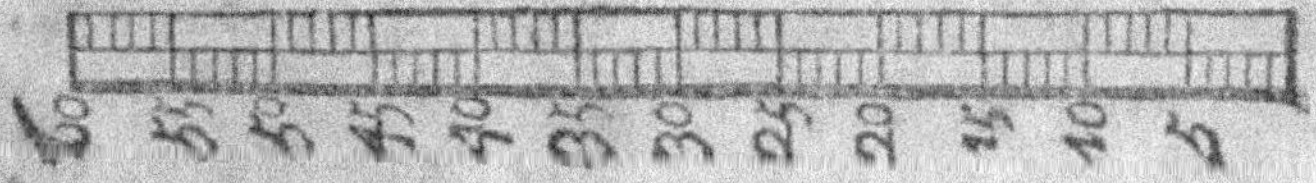

	d.	m.	d.	m.
Marsillac. *P.*	46.	3.	19.	35.
Martel.	44.	54	19.	23.
Martieu.	44.	34.	24.	7.
Martigues *P.*	42.	29.	23.	12.
M. Martin..	47.	36.	24.	55.
P. S. Martin.	45.	9.	26.	28.
S. Martin en Biscaye	43.	47.	15.	15.
S. Martin en Provence.	42.	41.	22.	56.
Martinach.	45.	51.	25.	44.
Marton.	45.	43.	17.	55.
S. Martori.	43.	0.	18.	0.
Martres.	43.	2.	18.	18.
Maruejols.	44.	16.	21.	15.
Mascon.	46.	0.	23.	3.
Mas d'Agenois.	44.	24.	17.	45.
Mas dazil.	42.	49	18.	44.
Mas de Cabardes.	42.	57.	19.	53.
Maseich.	51.	33.	24.	9.
Masseaube.	43.	26.	17.	46.
Masseran. *P.*	45.	15.	26.	57.
Mastricht.	51.	17.	24.	6.
Matha.	46.	5.	17.	11.
S. Mathurin.	48.	17	20.	36.
Matignon.	48.	47.	14.	30.
Maubert-Fontaine.	50.	11.	22.	42.
Maubeuge.	50.	39.	22.	20.
Maughio.	42.	56.	21.	58.
Mauleon en Poictou.	47.	4.	16.	36.
Mauleon en basse Navar- re.	43.	23.	15.	58.

	d.	m.	d.	m.
Maulevrier.	47.	11.	—16.	31.
Mauriac.	45.	0.	—20.	11.
Maurs.	44.	33.	—20.	0.
Mauvefin.	43.	39.	—18.	5.
S. Maximin.	42.	42.	—20.	0.
P. Ste Maxence.	49.	33.	—20.	36.
Maye.	43.	21.	—15.	15.
Mayence.	50.	20.	—26.	48.
Mayenne. *D.*	48.	29.	—16.	35.
Mazamet.	43.	3.	—19.	59.
Mazeres dans l'Arma- gnac.	43.	39.	—17.	35.
Mazeres dans le Laura- geois.	42.	57.	—25.	58.
Meaux.	49.	7.	—21.	3.
Medoc.	45.		—16.	
les Mées.	43.	20.	—24.	25.
S. Mehen.	48.	15.	—14.	41.
Melun.	48.	37.	—20.	48.
Melligen.	47.	25.	—27.	1.
Memiffan.	44.	25.	—15.	46.
Menat.	45.	53.	—20.	57.
Mende.	44.	10.	—21.	31.
Mendrifi.	45.	37.	—28.	0.
Menerbe dans le Langue- doc.	42.	56.	—20.	20.
Menerbe dans le Venaifin.	43.	3.	—23.	20.

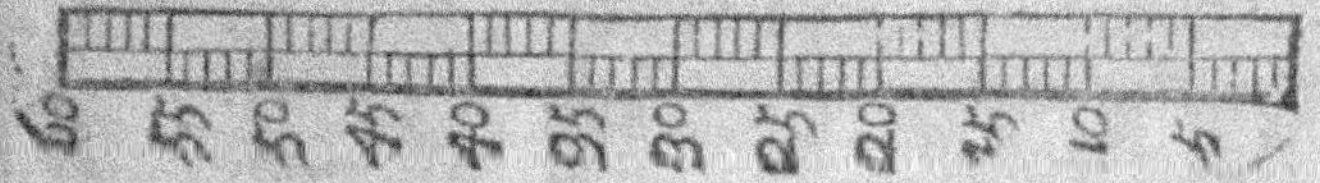

	d.	m.	d.	m.
Menetou.	47.	15.	19.	33.
Menin.	51.	15.	21.	21.
Mens.	44.	26.	24.	13.
Menton.	43.	2.	26.	23.
Meoule.	43.	23.	5.	7.
Mor	47.	50.	19.	13.
Mercœur. *D.*	45.	12.	20.	56.
Merlou.	49.	34	20.	23.
Merpourg.	47.	49.	28.	12.
Merveich.	43.	4)	21.	15.
Merviel.	42.	51.	20.	47.
Merville.	51.	6.	20.	40.
Mesche.	45.	27.	16.	25.
M. Mesene.	44.	31.	22.	23.
Meslay le Vidame.	48.	22.	19.	18.
Mesle.	46.	23.	17.	17.
Mesmers.	48.	34.	17.	56.
Messac.	47.	51.	15.	16.
Meun.	47.	55.	19.	31.
Meulan.	49.	12.	19.	51.
Meurs.	51.	50.	25.	12.
Meyemberg.	47.	10.	26.	57.
Meze.	42.	43.	21.	25.
Mezieres en Brenne.	46.	52.	18.	58.
Mezieres sur la Meuse.	50.	7.	23.	0.
Mont S. Michel.	48.	55.	15.	30.
S. Michel en Dauphiné.	44.	52.	25.	5.
S. Michel en Languedoc.	43.	25.	21.	15.
Middelbourg.	52.	6.	21.	58.
Middelbourg.	51	51.	21.	35.

	d.	m.	d.	m.
Milan.	45.	0.	18.	5.
Milhau ſur la Garone.	44.	29.	17.	30.
Milhau ſur le Tarn.	43.	39.	20.	59.
Millas.	41.	58.	20.	13.
Milli.	48.	27.	20.	32.
Miolans.	45.	18.	24.	37.
Mioſſens.	43.	34.	16.	33.
Mirabel.	44.	1.	19.	0.
Miradoux.	43.	59.	18.	10.
Miranda.	42.	39.	14.	47.
Mirande.	43.	30.	17.	30.
Mirebeau en Bourgogne.	47.	22.	23.	29.
Mirebeau en Poitou.	46.	57.	17.	40.
Mirecour.	48.	36.	24.	42.
Mirembeau.	45.	23.	16.	56.
Mirepoix.	42.	45.	19.	10.
Mirmande.	44.	9.	23.	12.
Miſſan.	44.	30.	23.	24.
Modane.	44.	51.	25.	20.
Moiſſac.	43.	53.	18.	35.
J. Molene.	48.	18.	11.	22.
Molieres dans le haut Quercy.	44.	40.	19.	40.
Molieres dans le bas Quercy.	44.	5.	18.	59.
Molshein.	48.	51.	16.	10.
Monbenoiſt.	47.	77.	24.	57.

	d.	m.	d.	m.
Monbaſon.	47	37.	24.	34.
Moncalier.	44.	23.	26.	37.
Monceaux.	49.	11.	21.	12.
Moncontour en Breta-gne.	48.	26.	14.	13.
Moncontour en Poitou.	47.	3.	17.	23.
Moncornet.	50.	0.	22.	22.
Moncribier.	44.	33.	18.	35.
Moncuq.	44.	15.	18.	47.
Mondidier.	49.	54.	20.	45.
Mondoui.	43.	51.	26.	45.
Mondoubleau.	48.	3.	18.	30.
Mondragon.	43	40	23.	0.
Moneſtier.	43.	49.	19.	43.
Moneſtier St Chaffi.	44.	31.	22.	10.
le Moneſtier.	44.	33.	25.	12.
Monfaucon en Champa-gne.	49.	47.	23.	13.
Monfaucon dans le Vel-lay.	44.	50.	22.	27.
Monferrand.	45.	35.	21.	2.
Monflanquin.	44.	30.	18.	18.
Monfort Lamaury.	48.	57.	19.	41.
Monfort la Canne.	48.	10.	15.	24.
Monfort en Normandie.	49.	53	18.	27.
Mongiſcar.	43.	13.	18.	52.
Mongomeri.	47.	19.	17.	36.
Morheins.	43	26.	16.	24.
M. Juſtin.	47.	48.	24.	50.
Monleheri.	48.	48.	21.	49.

	d.	m.	d.	m.
Monluçon.	46.	9.	20.	31.
M. Louis.	41.	55.	19.	30.
Moniſtrol ſur Lallier.	44.	35.	21.	42.
Moniſtrol ſur la Loire.	44.	57.	22.	13.
Monmirail.	48.	11.	18.	30.
Monmireil.	49.	58.	21.	37.
Monmaur.	49.	5.	21.	54.
Monmorency.	49.	11.	20.	21.
Monregeau.	42.	58.	17.	51.
Mons.	50.	50.	22.	18.
Mons en Peule.	50.	51.	21.	2.
Mons en Poitou.	47.	5.	17.	35.
Monſeurs.	48.	20.	16.	3.
Monſtiers S. Jean.	47.	36.	22.	11.
le Monſtiers aux Moines.	46.	13.	20.	56.
Monſtiers en Dé.	48.	36.	23.	2.
Monſtiers en Tarantaiſe.	45.	10.	25.	7.
Monſaugeon.	47.	48	23.	23.
Monſegur.	44.	40.	17	34.
Montagnac en Langue- doc.	42.	52.	21.	19.
Montagnac en Peri- gord.	45.	2.	18.	8.
Montagne.	47.		22.	
Montagne des trois ſœurs.	42.	55.	16.	20.
Montane.	43.	18.	16.	58.

	d.	m.	d.	m.
Montappenin.	43.		—27.	
Montargis. *D.*	48.	0.—20.		38.
Montauban.	43.	48.—18.		54.
Montaut.	43.	53.—46.		52.
Montauzier *D.*	45.	18.—17.		19.
Monbazon.	47.	23.—18.		24.
Monbeillard.	47.	50.—25.		29.
Mont du grand S. Bernard.	45.	35.—25.		40.
Montberon.	45.	44.—18.		3.
Montbrisson	45.	18.—22.		13.
Montbrun dans le Limosin.	45.	35.—18.		28.
Montbrun dans le Venaissin.	43.	38.—23.		52.
Montcassel.	51.	17.—20.		35.
Montceni.	46.	33.—22.		33.
Montebourg.	49.	58.—15.		54.
Montech sur la Garonne.	43.	44.—18.		44.
Montech en Savoye.	45.	57.—25.		40.
Monteclair.	48.	26.—13.		43.
Montegu.	46.	0.—20.		41.
Montejan.	47.	24.—16.		16.
Monteliez.	44.	26.—23.		26.
Montelimar.	44.	2.—23.		8.
Montendre.	45.	16.—17.		8.
Montenoison.	47.	3.—21.		20.
Montereau faut yonne.	48.	27.—21.		1.
Montesquiou.	42.	55.—18.		37.

	d.	m.	d.	m.
le Montet de Gelat]	45.	41.—20.		23.
Montfaucon en Anjou.	47.	12.—16.		10.
Montferrat	44.	—27.		
Montguion.	45.	14.—17.		20.
Montignac Charente.	45.	57.—17.		43.
Montignac le Comte.	45.	6.—18.		50.
Montigny en Champa- gne.	48.	4.—22.		50.
Montigny le Roy	48.	12.—23.		41.
Montirame	48.	16.—22.		25.
Montlieu.	45.	17.—17.		15.
Montlouis fur la Loire.	47.	31.—18.		31.
Montmaur en Dauphiné.	44.	8.—24.		26.
Montmeillan	44.	11.—24.		31.
M. Mezene.	44.	30.—22.		25.
Montmidy.	49.	57.—24.		1.
Montmoreau.	45.	27.—17.		35.
Montmorillon.	46.	31.—18.		30.
M. morot.	46.	32.—23.		41.
Montoir.	47.	53.—18.		29.
Montolieu.	42.	55.—19.		28.
Montorgueil.	49.	31.—15.		8.
Montpafier.	44.	38.—18.		30.
Montpellier.	42.	58.—21.		50.
Montpenfier D.	45.	52.—21.		13.
Montpezat dans l'Agenois.	44.	19.—18.		8.

	d.	m.	d.	m.
Montpezat dans le Quercy.	44.	7.	19.	9.
Montpont.	45.	5.	17.	45.
Montreal.	47.	22.	12.	2.
Montrevel.	46.	5.	23.	29.
Montreuil l'Argile.	49.	12.	18.	10.
Montreuil-Bellay.	47.	13.	17.	12.
Montrichard.	47.	25.	18.	54.
Montroyal.	50.	27.	25.	39.
Montvilliers.	50.	0.	18.	0.
M. Visa.	44.	16.	25.	50.
Monthulin.	51.	4.	20.	0.
Monza.	45.	11.	28.	24.
Morane.	47.	50.	16.	51.
Moras.	44.	55.	23.	20.
Morat.	46.	54.	25.	47.
Morbihan.	47.	26.	14.	4.
St Moie.	47.	10.	18.	13.
Moreuil.	50.	2.	20.	40.
Moret.	48.	23.	20.	53.
Moretel.	45.	20.	23.	54.
Morges.	46.	21.	25.	0.
Morhangé.	49.	22.	25.	26.
St Morice en Savoye.	45.	17.	25.	20.
St Morice en Savoye.	45.	54.	25.	37.
Morillo.	42.	14.	16.	16.
Morlaix.	48.	30.	12.	44.
Morlane.	43.	38.	16.	21.
Morlas.	43.	30.	16.	43.
Mornac.	45.	39.	16.	14.

	d.	m.	d.	m.
Mornas.	43.	35.	—23.	0.
Mortagne sur la Garonne *P.*	45.	25.	—16.	35.
Mortagne en Haynault.	50.	56.	—21.	45.
Mortagne en Poitou.	47.	5.	—16.	25.
Mortain.	48.	54.	—16.	25.
Mortare.	44.	42.	—27.	33.
Mortau.	47.	10.	—25.	5.
Mortemar *D.*	45.	57.	—18.	47.
Mortemer.	46.	36.	—18.	12.
Mortrée	48.	55.	—17.	35.
Mose.	46.	19.	—16.	48.
Mosoreace.	47.	16.	—17.	30.
Mospach.	49	44.	—28.	2.
la Mothe.	48.	27.	—24.	5.
la Mothe Charençon.	43.	57.	—23.	57.
la Mothe S. Heraye.	46.	31.	—17.	22.
Moudon.	46.	33.	—25.	30.
Moulins en Bourbonnois.	46.	21.	—21.	17.
Moulins en Gilbert.	46.	46.	—21.	52.
Moulins en Normandie.	48.	52.	—18.	10.
Mourgues *P.*	42.	58	—26.	17.
Mouzon.	49.	55.	—23.	27.
Moyenvic.	49.	8	—25.	13.
St Moze.	50.	50	—11.	44.
Mugron.	43.	55.	—16.	21.

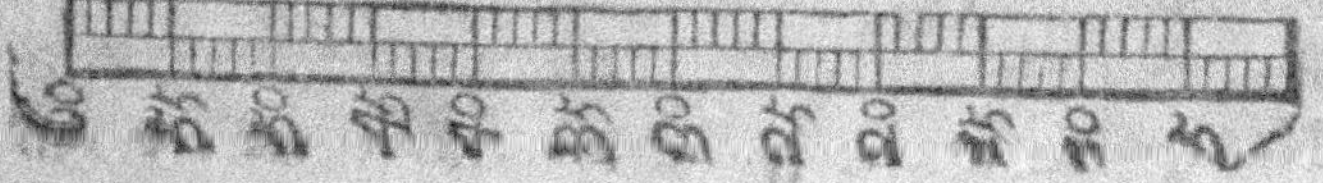

	d.	m.	d.	m.
Mulhause.	48.	0.	26.	0.
Mulhein.	51.	22.	25.	38.
Munster.	48.	18.	25.	43.
Murat.	44.	52.	20.	54.
Murbach.	48.	11.	25.	45.
la Mure.	44.	34.	24.	14.
Muret.	43.	14.	18.	36.
le Muret.	44.	34.	16.	23.
Mur de barres.	44.	35.	20.	40.
Mursau.	46.	46.	22.	57.
Mussidan.	45.	6.	18.	0.
Mussi l'Evesque.	47.	58.	22.	33.

N.

	d.	m.	d.	m.
Namur.	50.	52.	23.	14.
Nancay.	47.	17.	19.	51.
Nancy.	49.	0.	24.	38.
Nant.	43.	40.	21.	7.
Nantes.	47.	22.	15.	39.
Nantron.	45.	35.	18.	12.
Nantua.	45.	57.	24.	0.
la Napoule.	42.	47.	25.	40.
Narbonne.	42.	34.	20.	39.
Naters.	46.	7.	26.	42.
Navaille D.	43.	33.	16.	33.
Nay.	43.	12.	16.	45.
St Nazere.	47.	15.	14.	53.
Nayac dit Nageac.	43.	58.	19.	34.
Negrepelisse.	43.	53.	19.	2.
Nemours D.	48.	15.	20.	44.
Nempont.	50.	43.	19.	54.

Nerac.

	d.	m.	d.	m.
Nerac.	44.	8.——17.		49.
Neuberye.	52.	0.——16.		6.
Neris.	46.	5.——20.		36.
Nefle.	50.	5.——21.		2.
Neubourg.	49.	26.——18.		47.
Neuchaftel en Flandres	50.	58.——19.		40.
Neuchaftel dans le Laon-nois.	49.	41.——22.		19.
Neuchaftel en Lorraine.	48.	35.——24.		3.
Neuchaftel dans le Luxem-bourg.	50.	14.——23.		53.
Neuchaftel *P.*	46.	58.——25.		25.
les Neven.	48.	35.——12.		6.
Nevers *D.*	46.	52.——21.		2.
Neuf-foffé.	51.	12.——10.		21.
Neüille le Liere.	47.	39.——18.		27.
Neüille Pompiere.	47.	40.——18.		7.
Neuport.	51.	5.——16.		7.
Neuftar.	49.	32.——26.		52.
Newembourg.	48.	4.——26.		18.
Newhaven.	51.	14.——17.		50.
Newry.	47.	23.——20.		41.
Neuvic.	45.	5.——20.		2.
Neuville.	45.	33.——23.		7.
Nice.	42.	58.——26.		3.
Nice de la Paille.	44.	15.——27.		15.
S. Nicolas.	48.	56.——24.		48.

	d.	m.	d.	m.
Nieuport.	51.	44.—20.		58.
Nimegue.	52.	25.—24.		22.
Ninove	51.	16.—22.		14.
Nyon.	46.	16.—14.		53.
Nions.	43.	50.—23.		37.
Niort.	46.	30.—17.		0.
Petit Niort	45.	21.—16.		54.
Nismes.	43.	8.—22.		22.
Nivelle.	51.	2.—22.		40.
Noaille *D.*	45.	2.—19.		16.
Noé.	43.	9.—18.		32.
Nogent le Roy en Bas-signy.	48.	9.—23.		37.
Nogent le Roy dans le Hu-repoix.	48.	50.—19.		32.
Nogent le Rorrou.	48.	28.—18.		31.
Nogent sur Seine.	48.	31.—21.		39.
Noli.	43.	33.—27.		12.
Nomeni.	49.	19—24.		45.
Nonancour.	48.	58.—19.		8.
Nort Forland.	52.	6.—19.		10.
Novalese.	44.	44.—25.		53.
Novarre.	45.	0.—27.		12.
Noves.	43.	8.—23.		1.
Nougaret.	43.	50.—17.		4.
La Nouvelle.	42.	18.—20.		39.
Noyan.	48.	2.—17.		20.
Noyers.	47.	31.—21.		55.
Noyon.	49.	49—21.		10.
Nozeroy.	46.	46.—24.		36.

	d.	m.	d.	m.
Nuis dans l'Electorat de Cologne.	51.	32. —	25.	20.
Nuis en Bourgogne.	47.	0. —	23.	10,

O

	d.	m.	d.	m.
O BERENHEIN.	48.	44. —	26.	7.
Obervesel.	50.	28. —	26.	10.
Offemburg.	48.	45 —	26.	45.
Olegio.	45.	8. —	27.	32.
Oleron.	43.	13. —	16.	17.
Olite.	42.	33. —	15.	0.
Ollieres.	42.	46. —	24.	13.
Ollioulles.	42.	18. —	24.	16.
Olonne.	46.	36. —	15.	24.
Olten.	47.	26. —	26.	30.
St Omer.	51.	13. —	20.	20.
Oneille.	43.	17. —	26.	50.
Oppenheim.	50.	11. —	26.	58.
Oraison.	43.	14. —	24.	19.
Orange P.	43.	30. —	23.	9.
Orbe.	46.	44. —	25.	16.
Orbec.	49.	10. —	18.	0.
Orçais.	43.	15. —	15.	25.
Orcheze.	47.	43. —	18.	52.
Orcestre C.	51.	—	14.	
Orchies	50.	53. —	21.	25.
Orchimont.	50.	15. —	23.	22.
Ordingen.	51.	44. —	25.	16.

	d.	m.	d.	m.
Organia.	41.	40.	—18.	36.
Orleans *D.*	47.	52.	—19.	43.
Ornans.	47.	18.	—24.	37.
Orpieres.	43.	49.	—24.	14.
Orsoi.	51.	52.	—25.	13.
Ortez.	43.	42.	—16.	10.
Ortnau.	48.		—26.	
Ostende.	51.	49.	—21.	5.
Oriveller.	49.	49.	—25.	32.
Ouche.	49.		—18.	
Ouchi.	49.	24.	—21.	30.
Oudenarde.	51.	19.	—21.	56.
Oulargue.	48.	6.	—20.	33.
Oulierguo.	45.	33.	—21.	40.
Oulx.	44.	34.	—25.	38.
Ourgon.	43.	0.	—23.	13.
Oxfort *C.*	52.	28.	—16.	1.
Ozoyet le Marché.	47.	57.	—19.	20.

P

	d.	m.	d.	m.
LA Pacaudiere.	45.	56.	—21.	56.
St Paix.	49	2.	—16.	11.
Paimbœuf.	47.	24.	—15.	14.
la Palisse.	46.	4.	—21.	41.
S. Palais.	43.	28.	—15.	47.
Palluau.	47.	3.	—19.	4.
Pamiers.	42.	47.	—18.	59.
Pampelone.	43.	50.	—19.	56.
Painpol.	48.	48.	—13.	42.
Padstow.	51.	10.	—12.	10.
S. Papoul.	42.	58.	—19.	27.

	d.	m.	d.	m.
Paroy le Monial.	46.	15.	— 22.	15.
Parée.	47.	56.	— 17.	15.
Paris.	48.	59.	— 20.	25.
Partenay *D*	46.	47.	— 17.	18.
Pas.	50.	32.	— 20.	34.
Pas des Afnes.	45.	33.	— 16.	0.
Pas de Grave.	45.	28.	— 16.	0.
Paffais.	48.	45	— 16.	25.
Paffavant.	48.	10.	— 24.	26.
Paffi.	49.	14.	— 19.	17.
Patay.	48.	5.	— 19.	35.
Pan.	43.	25.	— 16.	35.
S. Pau de Born.	44.	27.	— 15.	59.
Pavie en Gafcogne.	43.	29.	— 17.	52.
Pavie en Italie.	44.	40.	— 28.	5.
Paüillac.	45.	7.	— 16.	37.
S. Paul de Fenouillet.	42.	8.	— 20.	6.
S. Paul en Provence.	43.	2.	— 25.	48.
S. Paul trois Châ eaux	43.	46.	— 23.	7.
Paulhaguet.	44.	56.	— 21.	30.
S. Paulhan.	44.	46.	— 21.	54.
Paumy.	47.	2.	— 18.	28.
Payenne.	46.	45.	— 25.	33.
Pays reconquis.	51.		— 19.	
Pays de Vaux.	46.		— 25.	
S. Pé de Generes.	43.	9.	— 16.	53.
Peccaix.	42.	39.	— 22.	22.

	d	m.	d.	m.
Pecheseul.	48.	0.	17.	16.
Peer.	51.	35.	23.	55.
Peilobier.	42.	50.	24.	2.
Peirchourade.	43.	43.	15.	45.
Peireleau.	43.	51.	21.	6.
Peirus.	43.	22.	24.	22.
Peirusse.	44.	14.	19.	50.
Pemsey.	51.	20.	18.	15.
Pendenis.	50.	50.	11.	38.
Penerf.	47.	25.	14.	28.
P. fin.	47.	38.	17.	51.
P. forzheim P.	49.	5.	27.	31.
Penmark.	47.	28.	12.	11.
Pennautier.	42.	50.	19.	57.
Pennart.	52.	13.	12.	45.
Pennes d'Agenois.	44.	24.	18.	26.
Pennes d'Albigeois.	43.	52.	19.	21.
Pennes Descot.	43.	6.	16.	17.
Pensans.	50.	57.	11.	14.
Pentievre D.	48.		13.	
Pequigny.	50.	12	20.	15.
Perissac.	45.	25.	19.	28.
Pernes.	50.	54.	20.	30.
Perolz.	42.	52.	21.	53.
Perone.	50.	18.	21.	8.
Perpignan.	41.	56.	20.	30.
Perrecy.	46.	24.	22.	22.
Perthois.	48.		23.	
Pertuis d'Antioche.	46.	7.	15.	50.
Pertuis Breton.	46.	10.	15.	55.

	d.	m.	d.	m.
Pertuis de Maumusson.	45.		—16.	
Pertuis en Provence.	43.	0.—13.		52.
Pertuis Rostan.	44.	20.—25.		28.
Pesme.	47.	17.—23.		47.
Peyrolles.	42.	57.—23.		58.
Pezenas.	42.	51.—21.		10.
Phalsbourg.	49.	0—26.		0.
Philippeville.	50	34.—22.		50.
Philisbourg.	49.	24.—27.		12.
Pibrac.	43.	26.—18.		33.
Picdemidi.	42.	52.—17.		12.
Pierre Bussiere.	45.	27.—19.		3.
Pierrefitte.	47.	31.—20.		2.
S. Pierre le Moustier.	46.	36.—21.		5.
La petite Pierre	49.	7.—26.		4.
Les pieux.	49.	56.—15.		23.
Pignans.	42.	30—24.		43.
Pignerol.	44.	19.—26.		8.
Pisnei D.	48.	14.—22.		31.
Plaisance dans l'Arma-gnac.	43.	31.—17.		9.
Plaisance dans le Toul-gan.	43.	21.—18.		56.
Plancy.	48.	36.—21.		13.
Plaskemberg.	51.	52.—11.		21.
Plassac.	45.	29.—16.		53.
Plassendal.	51.	47—21.		16.

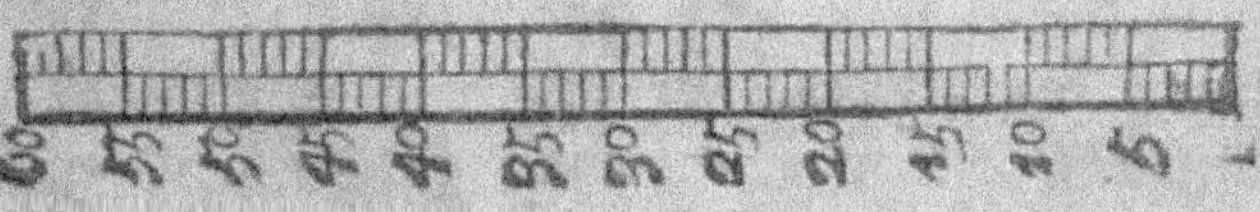

	d.	m.	d.	m.
Pleaux.	44.	55.	20.	8.
Ploemur.	48.	14.	12.	47.
Ploermel.	47.	57.	14.	37.
le Plomb.	46.	16.	16.	7.
Plombieres.	48.	13.	24.	55.
Ploudanmezeau.	48.	26.	11.	45.
la Plume.	44.	5.	17.	58.
Pluviers.	48.	10.	20.	4.
Podensac.	44.	43.	17.	0.
Poictiers.	46.	42.	17.	51.
Poligny.	46.	47.	24.	5.
Poissy.	49.	9.	20.	0.
Poix P.	50.	7.	20.	0.
Poldavid.	47.	47.	12.	12.
Polignac.	44.	41.	21.	54.
S. Pol.	50.	46.	20.	26.
S. Pol de Leon P.	48.	41.	12.	30.
Polese.	46.	5.	17.	38.
Pomegue.	42.	21.	23.	36.
la Pomeraye.	46.	55.	16.	32.
Poncin.	45.	54.	23.	54.
Ponderham.	51.	7.	13.	48.
Pons.	45.	38.	16.	53.
S. Pons de Thomieres.	43.	5.	20.	27.
Pont.	48.	33.	21.	45.
Deux Ponts P.	49.	40.	26.	0.
Trois Ponts.	41.	43.	18.	47.
Pontlabbé.	47.	35	12.	20.
Pont à Bouvignes.	51.	0.	21.	22.
Pontac.	43.	16.	16.	50.

	d.	m.		d.	m.
Pentaillé.	47.	16	—	23.	37.
Pontamoufſon.	49.	19.	—	24.	34.
Pontarlier.	46.	57.	—	24.	53.
Pontaumur.	45.	39.	—	20.	36.
Pontbeauvoiſin.	45.	13.	—	24.	5.
Pont de Camares.	43.	27.	—	20.	38.
Pont de Cé.	47.	28.	—	16.	38.
Pontchau.	47.	22.	—	15.	0.
Pontcroix.	47.	51.	—	12.	0.
Pontdain.	45.	48.	—	23.	43.
Pontdaven.	47.	35.	—	13.	0.
Pontdaugan.	47.	47.	—	13.	38.
Pontdouille.	49.	7.	—	17.	1.
Ponté.	44.	50.	—	26.	25.
Ponteau de Mer.	49.	41.	—	18.	17.
Pont S. Eſprit	43.	44.	—	22.	56.
Pontfarci.	49.	15.	—	16.	16.
Pont Favergue.	49.	33.	—	22	53.
Pont de Gard.	43.	17.	—	22.	30.
Pont-Gibaur.	45.	36.	—	20.	47.
Pontgoin.	48.	37.	—	19.	2.
Pont de Forgues.	43.	22.	—	23.	6.
Pontieu.	50.		—	19.	
Pontigny.	47.	43.	—	21.	38.
Pontivi.	48.	0.	—	13.	57.
Pont-l'Evêque.	49.	35.	—	17.	50.
Pont Ste Maxence.	49.	33.	—	20.	38.

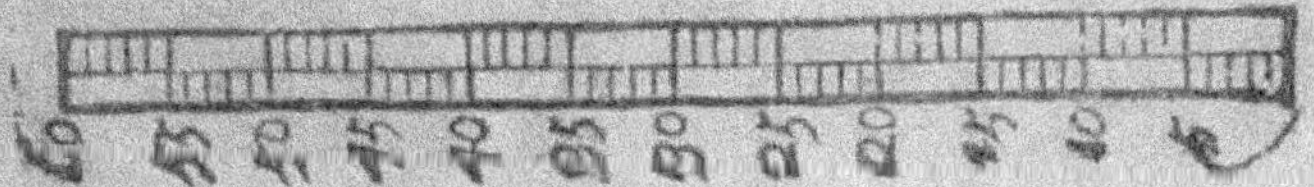

	d.	m.	d.	m.
Pontdemouvert.	43.	54.	21.	50.
Ponto.	48.	32.	13.	2.
Pontoiſe.	49.	18.	20.	4.
Pont Orſon.	48.	48.	15.	36.
Pont Tourion.	45.	48.	19.	42.
Pontous.	44.	0.	16.	7.
Pontdepiles.	47.	6.	18.	8.
Pont de Remy.	50.	24.	19.	58.
Pontreant.	48.	6.	15.	24.
Pontrieux.	48.	42.	13.	35.
Pont de Royan.	44.	37.	23.	47.
Pont Secoſſ.	47.	44.	13.	25.
P. S. Martin.	45.	8.	26.	28.
Pont Valay.	47.	51.	17.	38.
Pont de Vaux *D.*	46.	13.	23.	18.
P. de Veſle.	45.	57.	23.	12.
Pont ſur Yone.	48.	15.	21.	17.
S. Porçain.	46.	7.	21.	12.
Porentru.	47.	44.	25.	39.
Porieres.	42.	46.	24.	5.
Port Datelan.	47.	57.	24.	20.
Port blanc.	48.	58.	13.	20.
Port en Beſſin.	49.	46.	16.	37.
Port de Cantis.	44.	25.	15.	40.
Port Chauveau.	45.	45.	16.	58.
Port Dieu.	45.	16.	20.	22.
Portes.	43.	38.	22.	3.
Portland.	51.	1.	14.	57.
Port Ste Marie.	44.	15.	17.	58.
Portſmouth.	51.	15.	16.	27.

(83).

	d.	m.	d.	m.
Port Sal.	48.	29.——11.		43.
Port fur Saone.	47.	49.——24.		24.
Pofte de Nids.	48.	39.——17.		21.
Pouancé.	47.	46.——16.		3.
Pougues.	46.	58.——21.		2.
Poüillon.	43.	47.——15.		53.
la Poule.	51.	14.——15.		27.
le Pouſſin.	44.	11.——23.		2.
Pradelles.	44.	20.——21.		57.
Prades.	41.	54.——20.		2.
Praduculan.	46.	27.——20.		8.
Pragelas.	44.	29.——25.		56.
Premontré.	49.	48.——21.		36.
Preſſigny.	47.	49.——23.		52.
Privas.	44.	11.——21.		50.
Provins.	48.	38.——21.		24.
Prulli.	46.	56——18.		37.
Pruim.	50.	35——24.		57.
le Puget.	43.	24.——15.		43.
le Puiſaïe.	47.	——20.		
le Puy.	44.	39——21.		55.
Puycerda.	41.	54.——19.		28.
Puy Guillem.	44.	45.——17.		50.
Puy Laurens *D*.	43.	16.——19.		29.
Puy l'Evefque.	44.	29.——18.		46.
Puy Mirol.	44.	9.——18.		21.
Puy Normand.	45.	2.——17.		37.

	d.	m.	d.	m.
Puyvaledor.	42.	6. — 19.	12.
Puy la Roque.	44.	4. — 19.	

Q

QVIRAS.	44.	18. — 25.	24.
S. Quentin.	50	12. — 21.	30.
Quesac.	44.	0. — 21.	30.
le Quesnoy.	50.	57. — 11.	50.
Quiberon.	47.	20. — 13.	45.
Quierasc.	44.	4. — 26.	49.
Quilla.	42.	22. — 19.	48.
Quillebeuf.	49.	48. — 18.	16.
Quimpercorentin *al.* Cornouaille.	47.	43. — 12.	30.
Quimperlay.	47.	40. — 13.	10.
le Quinodet.	48.	45. — 13.	2.
le Quingey.	47.	7. — 14.	14.
Quint.	44.	18. — 23.	46.
Quintin.	48.	30. — 13.	55.
Quirieu.	45.	19. — 23.	43.
Quissac.	43.	19. — 22.	0.

R

RAITS D.	47.	10. — 15.	25.
Rabastens sur la Dour.	43.	25. — 17.	8.
Rabastens sur le Tarn.	43.	33. — 19.	16.
Ragaz.	46.	51. — 28.	35.
S. Rambert en Bresse.	3 45	45. — 23.	52.
S. Rambert sur la Loire.	45.	11. — 22	25.
S. Rambert sur le Rhosne.	44.	52. — 23.	10.
Remberviller.			

(85)

	d.	m.	d.	m.
Ramberviller.	48.	38.	25.	19.
Ramereu.	48.	36.	22.	31.
Raon en Franche-Comté.	46.	58.	23.	50.
Raon en Lorraine.	48.	48.	25.	29.
Raperviller.	47.	8.	27.	33.
Raren.	46.	2.	16.	31.
Ratoneau.	42.	24.	13.	36.
Raucourt P.	49.	57.	23.	16.
Ravestien.	52.	14.	24.	8.
le Raz.	47.	53.	11.	44.
Realmont.	43.	24.	19.	40.
Realville.	43.	56.	19	0.
Redding.	52.	3.	16.	26.
Redon.	47.	38.	15.	0.
Reés.	52.	16.	25.	2
Reillane.	43.	16.	23.	58
Reillanete.	43.	34.	23.	51.
Reims D.	49.	28.	22.	15.
Ste Reine.	47.	25.	22.	29.
St Reme.	43.	10.	26.	35.
St Remi-	42.	56.	12.	58.
Remiremont.	48.	16.	25.	13.
Remorentin.	47.	24.	19.	28.
S. Renan.	48.	24.	11.	50.
Rençon.	46.	3.	18.	58.
Rennes.	48.	13.	15.	30.

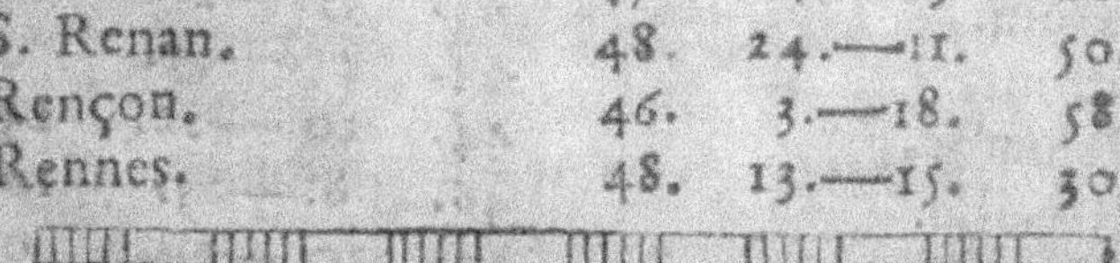

	d.	m.	d.	m.
Renty.	51.	0.	10.	6.
la Reole.	44.	32.	17.	30.
Retel D.	49.	48.	22.	42.
Retling.	48.	36.	28.	2.
Revel en Languedoc.	43.	5	19.	27.
Revel en Piémont.	44.	8.	26.	13.
Revin.	50.	19.	23.	0.
Rey,	47.	41.	14.	8.
Rhimbergu.	51.	56.	15.	10.
Rhingraveftein.	50.	8.	26.	15.
Rians.	42.	52.	24.	8.
Ribagorça.	41.		17.	
Ribaupierre.	48.	29.	25.	49.
Riberac.	45.	22.	17.	50.
Riblemont.	50.	4.	21.	41.
Richelieu D.	47.	8.	17.	47.
la Rie.	51.	24.	18.	36.
Rieuperoux.	44.	2.	19.	47.
Rieux en Bretagne.	47.	37.	14.	55.
Rieux en Languedoc.	43.	0.	18.	32.
Rindam D.	45.	50.	21.	24.
Rhinel.	47.	26.	28.	30.
Rhinfeld.	47.	45.	26.	25.
Riom.	45.	39.	21.	3.
Rions.	44.	45.	17.	0.
Rioutor.	44.	10.	22.	23.
Ripaille.	46.	8.	25.	10.
S. Riquier.	50.	30.	20.	0.
Rifcle.	43.	37.	17.	0.
la Riffonne.	43.	3.	15.	18.

	d.	m.	d.	m.
Rive de Giez.	45.	11. — 12.	50.
Rive salte.	42.	3. — 10.	37.
Rivoly.	44.	29. — 26	21.
Roanne *D.*	45.	49. — 22	4.
la Roche Abeille.	45.	36. — 18.	57.
la Roche Beaucour.	45.	32. — 17.	52.
la Roche Bernard.	47.	25. — 14.	51.
la Roche Chalais.	45.	15. — 17.	32.
la Rochechouart.	45.	44. — 18.	35.
la Rochederrien.	48.	44. — 13.	27.
la Roche en Bretagne.	48.	22. — 11.	20.
la Roche en Savoye.	45.	54. — 24.	50.
la Roche sur Ourte.	50.	35. — 24.	9.
Rochefort en Anjou.	47.	24. — 16.	30.
Rochefort en Auvergne.	45.	28. — 10.	44.
Rochefort en Bretagne.	47.	41. — 14.	39.
Rochefort en Franche- Comté.	47.	9. — 23.	53.
Rchefort dans le Hure- poix.	48.	42. — 19.	54.
Rochefort, Port de mer.	45.	55. — 16.	25.
la Rochefoucault *D.*	45.	51. — 18.	0.
la Rocheguyon. *D.*	49.	23. — 19.	34.
la Rochelle.	46.	12. — 16	12.
la Rochemabille.	48.	44. — 17.	28.
la Rochemalet.	46.	39. — 21.	57.
la Rocheposay.	46.	50. — 18.	29.

	d.	m.	d.	m.
la Roche-sur-Yon *P.*	46	44. —15.		49.
Rocroy.	50.	15. —22.		49.
Rodes.	44.	3. —20.		19.
Rohan *D.*	47.	58. —14.		12.
Rolduc.	51.	15. —24.		38.
Romagnan.	45.	13. —27.		10.
Romaillard.	48.	38. —18.		32.
Romans.	44.	36. —23.		30.
S. Rome.	43.	41. —20.		44.
Romete.	44.	10. —24.		47.
Rommois.	49.	—18.		
Roncevaux.	43.	10. —15.		27.
Roquebalsergues.	44.	6. —20.		54.
Roquebrou.	44.	47. —20.		4.
Roquebrune.	42.	37. —25.		15.
Roquecourbe.	43.	15. —19.		50.
Roquefort en Gascogne.	44.	8. —16.		55.
Roquefort en Rouergue.	43.	35. —20.		47.
Roquelaure *D.*	43.	39 —17.		54.
Roquemadou.	44.	44. —19.		22.
Roquemaure.	43	24. —22.		57.
Roscof.	48.	45. —12.		32.
Rosebec.	51.	25. —21.		32.
Rosheim.	48.	47. —26.		5.
Rosieres.	48.	54. —24.		54.
Rosmadec.	48.	1. —12.		8.
Rosnay.	48.	30. —22.		42.
Rosoy.	48.	49. —21.		2.
Rosperden.	47.	45. —12.		48.
Rossillon.	45.	38. —24.		2.

	d.	m.	d.	m.
Rostrenen.	48.	10.	—13.	20.
Rotelin.	47.	52.	—26.	20.
Rotemburg.	48.	39.	—27.	40.
Roterdam.	52.	34.	—22.	37.
Roüen.	49.	47.	—18.	56.
Rougemont.	47.	42.	—24.	52.
Roulers.	51.	27.	—11.	16.
Rouvray.	47.	16.	—22.	0.
Ruë.	50.	40.	—19.	41.
Ruel.	49.	4.	—20.	13.
Ruffec.	46.	8.	—17.	51.
Rugles.	49.	5.	—18.	21.
Rumney.	51.	27.	—18.	50.
Rup.	47.	45.	—24.	10.
Rupelmonde.	51.	34.	—22.	35.
Ruremonde.	51.	37.	—14	28.
Rusle.	46.	5.	—27.	56.

S

	d.	m.	d.	m.
S ABLE'.	48.	0.	—17.	2.
Sables d'Olonne.	46.	37.	—15.	30.
Sadava.	42.	17.	—15.	32.
S. Safforin de Lay.	45.	41.	—22.	22.
S. Safforin d'Ozon,	45.	18.	—23.	13.
Saillans.	44.	12.	—23.	40.
Salsahé.	50.	56.	—12.	44.
Salanche.	45.	37.	—25.	15.
Salers.	44.	58.	—20.	21.

	d.	m.	d.	m.
Salesbury.	51.	37.	15.	37.
Salies.	42.	54.	18.	11.
Salins.	47.	0.	24.	24.
Saillies.	43.	36.	16.	0.
Salmes.	48.	49.	25.	53.
Salon.	42.	49.	23.	19.
Salsbrug.	49.	25.	25.	50.
Salses.	42.	7.	20.	32.
S. Salvador.	43.	34.	26.	0.
Salusse.	44.	6.	26.	17.
Samatan.	43.	23.	18.	16.
Sancergue.	47.	0.	20.	36.
Sancerre.	47.	8.	20.	35.
Sancoin.	46.	38.	20.	49.
Sanwich.	51.	55.	19.	12.
Sanguessa.	42.	41.	15.	39.
Santia.	44.	53.	27.	0.
le Santerre.	50.		20.	
Santuliet.	51.	52.	22.	34.
Sanxay.	46.	38.	17.	28.
Saorgio.	43.	26.	23.	29.
Saralbe.	49.	28.	25.	48.
Saramont.	43.	15.	18.	3.
Sarancolin.	42.	47.	17.	31.
Sarbrux.	49.	39.	25.	39.
Sarebourg.	49.	7.	25.	50.
Sargans.	46.	57.	28.	28.
Sarloüis.	49.	45.	25.	27.
Sasnen.	46.	47.	16.	58.
Sarrenden.	49.	88.	25.	54.

	d.	m.		d.	m.
Sas de Gand.	51.	47.	—	21.	2.
Saverdun.	42.	55.	—	18.	53.
Saverne.	49.	0.	—	26.	7.
S. Sauge.	46.	58.	—	21.	23.
Savigny P.	46.	30.	—	23.	42.
Savillan.	44.	4.	—	26.	29.
S. Savin.	46.	39.	—	18.	30.
S. Savinien du Port.	45.	56.	—	16.	41.
Saulieu.	47.	6.	—	22.	2.
Saule le Duc.	47.	32.	—	13.	2.
Saule dans le Venaissin.	43.	27.	—	13.	41.
Saumaise.	47.	22.	—	21.	40.
Saumur.	47.	18.	—	17.	15.
Saune.	43.	55.	—	23.	49.
Savone.	43.	37.	—	27.	33.
Sauve.	43.	21.	—	21.	55.
S. Sauveur le Delin.	47.	32.	—	15.	55.
S. Sauveur sur Dive.	49.	35.	—	17.	28.
S. Sauveur le Vicomte.	49.	47.	—	15.	40.
la Sauvetat.	44.	40.	—	17.	50.
Sauveterre en Guienne.	44.	43.	—	17.	24.
Sauveterre en Bearn.	43.	35.	—	15.	57.
Sauveterre en Gascogne.	43.	17.	—	18.	8.
Sauzé.	46.	14.	—	17.	36.
Sauzet.	44.	4.	—	23.	14.
Schafouse.	47.	48.	—	27.	28.
Schorendorf.	49.	2.	—	28.	25.

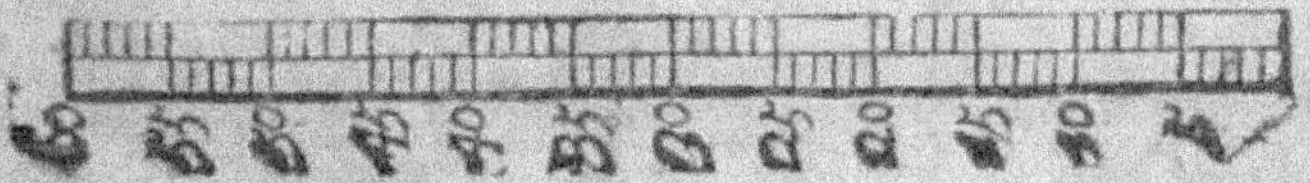

	d.	m.		d.	m.
Schwarzembourg.	46.	45.	—25.	57.
Schwits.	46.	54.	—27.	30.
S. Sebastien.	43.	30.	—14.	45.
S. Sebastiano.	44.	10.	—28.	12.
Secondigny.	46.	46.	—17.	3.
Sedan *P.*	50.	6.	—23.	20.
Seéz.	48.	55.	—17.	45.
Segre.	47.	47.	—16.	13.
Seignelay.	47.	43.	—21.	29.
Seine.	43.	54.	—25.	3.
S. Seine.	47.	24.	—22.	42.
Seissel.	45.	53.	—24.	21.
Sekingen.	47.	46.	—16.	34.
Semur en Auxois.	47.	21.	—22.	20.
Semur en Briennois.	45.	58	—22.	17.
Sempac.	47.	10.	—26.	45.
M. Sempione.	45.	56.	—26.	52.
Senas.	42.	55.	—23.	12.
Seneff.	50.	58.	—22.	39.
Sener.	51.	3.	—11.	17.
Sens.	48.	12.	—21.	27.
Sensehim.	49.	24.	—27.	88.
Senlis.	49.	24	—20.	36.
Senonches *B.*	48.	44.	—18.	57.
Seré.	44.	43.	—19.	38.
Serignan.	42.	38.	—10.	56.
Seriere.	44.	52.	—23.	5.
Sermus.	45.	44.	—20.	22.
Sreravallo.	44.	11.	—27.	50.
Serrance.	43.	5.	—16.	15.

	d.	m.	d.	m.
Serres.	43.	54.	24.	15.
Settemes.	42.	32.	23.	42.
la Seu d'Urger.	41.	48.	18.	48.
S. Seve.	43.	27.	20.	27.
S. Sever en Bearn.	43.	22.	17.	10.
S. Sever en Gascogne.	43.	53.	16.	31.
Severac le Castel *D*.	44.	0.	20.	56.
Ste Severe.	46.	25.	19.	54.
Sezane en Champagne.	48.	46.	21.	56.
Sezane en Piémond.	44.	34.	25.	39.
Shepec.	52.	3.	18.	30.
Sherborn.	51.	30.	14.	47.
Sialgues.	44.	38.	21.	37.
Sider.	45.	58.	26.	14.
Siegeberg.	51.	12.	25.	52.
Sierp.	42.	42.	17.	45.
Sigean.	42.	22.	20.	34.
Signe.	42.	29.	14.	11
Signy l'Abbaye.	50.	3.	22.	43.
Sillé le Guillaume.	48.	23.	17.	13.
Simeren *P*.	50.	24.	26.	0.
S. Simon *D*.	50.	9.	21.	27.
Simouth.	51.	10.	14.	3.
Sion.	45.	56.	26.	0.
Sisteron.	43.	40.	24.	25.
Sivray.	46.	15.	18.	0.
Sixfours.	42.	12.	24.	15.

	d.	m.	d.	m.
Sleſtat.	48.	30.	26.	10.
Sludland.	51.	3.	15.	25.
Sobrarbe.	42.		17.	
Soignie.	51.	0.	22.	23.
Soliers.	42.	21.	24.	27.
Somerſet.	51.		14.	
Solignac.	44.	31.	21.	57.
Sologne.	47.		19.	
Sommiere.	43.	8.	22.	2.
Soreze.	43.	3.	19.	32.
Sordes.	43.	39.	15.	47.
Sorham.	51.	22.	17.	23.
S. Sorlin.	46.	30.	24.	15.
Sort.	42.	6.	18.	23.
Soſpello.	43.	14.	26.	26
Soubize.	45.	54	16.	15.
Southwarkmond.	52.	6.	17.	30.
Soulac.	45.	24.	16.	4.
Soulé.	43.		15.	
Souillac.	44.	54.	19.	13.
Soupres.	43.	58.	16.	27.
Souſſilange.	45.	19.	21.	28.
Southampton C.	51.		16.	
la Souterraine.	46.	12.	19.	19.
Souvigny.	46.	22.	21.	0.
Soyons P.	44.	20	23.	7.
Soz en Guienne.	44.	10.	17.	30.
Soz dans la Navarre.	42.	34.	15.	35.
Soa.	50.	47.	24.	22.
Soanheim.	50.	15.	26.	6.

	d.	m.	d.	m
Spire.	49.	30.	27.	4.
Splugen.	46.	20.	28.	5.
Stans.	52.	5.	17.	7.
Stantz.	46.	51.	27.	10.
Stein.	47.	48.	27.	45.
Stenay.	49.	47.	23.	34.
Stening.	51.	27.	17.	18.
Stephansvert.	51.	33.	24.	23.
Sterpointe.	50.	35.	13.	25.
Sterri.	42.	15.	18.	30.
Stotzbridge.	51.	40.	16.	1.
Strasbourg.	48.	50.	26.	27.
Stugard.	48.	55.	27.	53.
Stulingen.	47.	52.	27.	10.
Sturminster.	51.	28.	15.	7.
Sully *D.*	47.	42	10.	10.
S. Sulpice en Laurageois.	43.	3.	18.	47.
S. Sulpice sur le Tarn.	43.	29.	19.	10.
Sungow.	48.		25.	
Surgeres.	46.	13.	16.	36.
Surrei.	51.		17.	
Suse.	44.	40.	25.	53.
Sussex *C.*	51.		17.	
Ste Suzanne.	48.	17.	16.	58.
Suze dans le Tricentin.	43.	44.	23.	14.
la Suze.	48.	2.	17.	30.

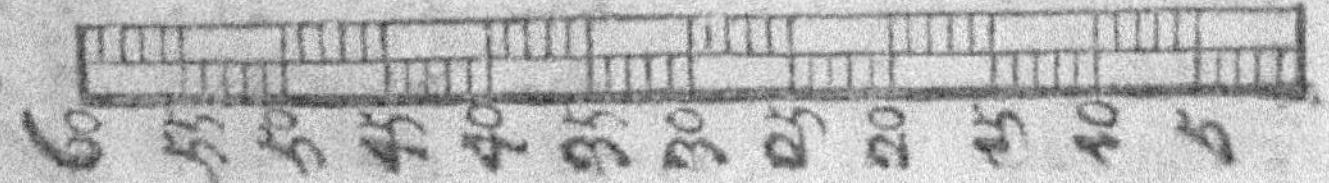

T

	d.	m.	d.	m.
Tafalla.	42.	36.——15.		2.
Tallart.	43.	55.——24.		33.
Taillebourg.	45.	52.——16.		45.
Tallemand.	45.	27.——16.		28.
Talmond *P.*	46.	33.——15.		36.
Tanay.	47.	11.——21.		26.
Tannes.	48.	6.——25.		40.
Taninge.	45.	51.——15.		14.
Tarascon sur le Rhône.	43.	6.——22.		43.
Tarascon dans le Duché de Foix	42.	29.——19.		5.
Taraste *P.*	43.	24.——16.		59.
Tarbes.	43.	17.——17.		3.
Tarderz.	43.	14.——15.		52.
Tarnac.	45.	34.——19.		31.
Tartas.	44.	3.——16.		17.
Tavestok.	51.	3.——12.		52.
Taunton.	51.	35.——14.		0.
Tauste.	41.	52.——15.		32.
le Teil.	43.	58.——22.		38.
S. Telier.	49.	30.——15.		3.
Temby.	52.	25.——12.		6.
Tendé.	43.	32.——26.		31.
Terrasson.	45.	8.——19.		0.
Terroüene.	51.	4.——20.		20.
Tessi.	49.	19.——16.		10.
Thain.	44.	35.——23.		13.
Thiers.	45.	41.——21.		41.
Thionville.	49.	45.——24.		38.

Thoard.

	d.	m.	d.	m
Thoard.	43.	33.——24.	43.
S. Thomé.	43.	56.——22.	50.
Thonnes.	45.	40.——24.	52.
Thonon.	46.	6.——25.	9.
Thoré.	46.	0——17.	6.
Thorssei.	45.	50.——23.	3.
Thoard.	43.	32.——24.	42.
Thouars D.	47.	5.——17.	11.
Thuin.	50.	44.——12.	33.
Tierache.	50.	——12.	
Tierstein.	47.	33.——26.	13.
Tiffauge.	47.	6.——16.	18.
Tilbury.	52.	8.——18.	8.
Tillemont.	51.	13.——23.	15.
Tilleres.	48.	57.——19.	2.
Tinchebray.	48.	56.——16.	43.
Tingemouth.	50.	56.——13.	44.
Tolin.	52.	7.——22.	30.
Tolnes.	50.	53.——13.	25.
Tombelaine.	48.	56.——15.	34.
Tongres.	51.	13.——23.	43.
Tonnay Boutonne.	46.	3.——16.	39.
Tonnay Charente.	46.	0——16.	30.
Tonneins.	44.	24.——17.	52.
Tonnere.	47.	40.——22.	0
le Toreau.	48.	41.——12.	45.
Torigny.	49.	22.——16.	14.

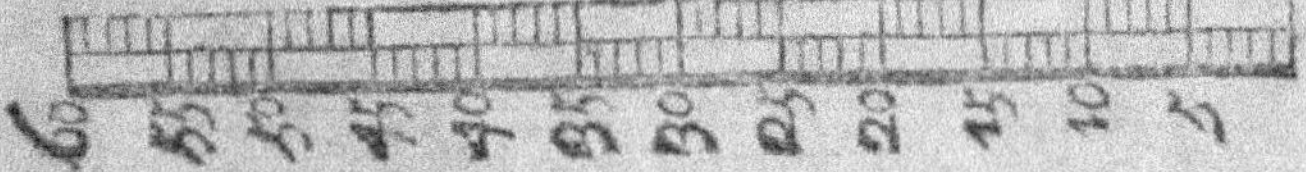

	d.	m.	d.	m.
Tornus.	46.	11. — 23.		10.
Torre Tamosy.	41.	55. — 17.		48.
Torrete.	42.	55. — 25.		23.
Tortone.	44.	23. — 27.		47.
Touarce.	47.	19. — 16.		43.
Touget.	43.	34. — 18.		14.
Toul.	48.	58. — 24.		22.
Toulon Port de mer.	42.	11. — 24.		25.
Toulon sur Laoux.	46.	27. — 12.		12.
Toulouse.	43.	24. — 18.		50.
Touques.	49.	40 — 17.		50.
la Tour.	45.	16. — 23.		50.
la Tour-Daigues.	43.	3. — 23.		53.
la Tour-Blanche.	45.	27. — 17.		58.
Tour-de-Bouc.	42.	28. — 13.		8.
Tour Grise.	48.	52. — 18.		46.
Tour-de-Planier.	42.	15. — 23.		27.
Toury.	48.	17. — 19.		45.
Tournai.	51.	3. — 21.		38.
Tournai sur la Dour.	43.	9. — 17.		22.
Tournon.	44.	34. — 23.		7.
Tourtouirac.	45.	13. — 18.		41.
Tourués.	42.	39. — 24.		23.
Toussi.	47.	37. — 21.		6.
Toufou.	47.	12 — 15.		35.
Touvré.	45.	48. — 17.		49.
Traerbac.	50.	25. — 25.		39.
Trebas.	43.	38. — 20.		10.
Treguier.	48.	50. — 13.		20.
Treinaé.	45.	26. — 19.		57.

	d.	m.	d.	m.
la Tremblade.	45.	42.——16.	4.
le Tremblay.	48.	48.——19.	21.
le Tremoille *D.*	46.	30.——18.	40.
Tremp.	41.	47.——18.	5.
Treport.	50.	25.——19.	23.
Tretz.	42.	40.——24.	2.
Treves.	50.	11.——25.	11.
Saint Trevier.	46.	16.——23.	26.
Trevoux.	45.	38.——23.	3.
les Triagots.	49.	3.——12.	57.
Tricastin.	43.	——23.	
Trie.	43.	20.——17.	21.
Trin.	44.	42——27.	8.
St Tron.	51.	12.——23.	33.
Tront.	46.	35.——18.	0.
St Tropes.	41.	25.——25.	19.
Troyes.	48.	21.——22.	10.
Trun.	49.	8.——17.	30.
Tubingen.	48.	39.——27.	50.
St Tuberi.	42.	46.——21.	9.
Tudella.	42.	4.——14.	57.
Tudy.	47.	30.——12.	22.
Tulles.	45.	15.——19.	26.
Tunbridge.	51.	46.——17.	58.
Turenne *P.*	45.	0.——19.	20.
Turi.	49.	15.——16.	58.
Turin.	44.	26.——26.	33.

	d.	m.	d.	m.
Turkeim.	48.	20.—26.		0.
Turnhout.	51.	49.—23.		20.

V

	d.	m.	d.	m.
V Abre's.	43.	32.—20.		34.
Vachtendouk.	51.	50.—24.		51.
Vaires.	44.	54.—17.		13.
Vaison.	43.	37.—23.		26.
Valduran.	42.	—		18.
Valdeschoux.	47.	50.—22.		44.
Valdshut.	47.	45.—26.		57.
Valdes-Ecoliers.	48.	11.—23.		12.
Val d'Ocela.	45.	—27.		
Valancay.	47.	13.—19.		17.
Valemstat.	46.	56.—28.		15.
Valencé en Gascogne.	43.	51.—17.		47.
Valence en Agenois.	44.	1.—18.		25.
Valence en Albigeois.	43.	40.—20.		0.
Valence sur le Po.	44.	30.—27.		32.
Valence sur le Rhosne.	44.	25.—23.		12.
Valencienne.	50.	43.—21.		15.
Valentine.	42.	56.—17.		59.
Valeri en Gastinois.	48.	16.—21.		8.
St Valery en Caux.	50.	17.—18		37.
St Valery dans le Pontieu.	50.	31.—19.		32.
Valenzole.	43.	8.—24.		25.
la Valette D.	45.	36.—17.		47.
St Valier.	41.	44.—23.		8.
le Vallage.	48.	—23.		
Vallangin.	47.	6.—25.		20.

	d.	m.	d.	m.
Vallon.	43.	51.	22.	37.
Valogne.	49.	55.	15.	45.
Valois.	49.		20.	
Val Loise.	44.	26.	25.	2.
Valorne.	43.	44.	24.	33.
Val Romay.	45.		24.	
Vals.	44.	14.	11.	29.
Vandewre.	48.	17.	22.	37.
Vansaur.	45.	15.	17.	53.
Varaize.	46.	5.	16.	59.
Varallo.	45.	30.	27.	0.
Varennes.	46.	8.	21.	20.
Varespe.	44.	57.	24.	2.
Varize.	48.	10.	19.	22.
Vaslon.	48.	7.	17.	22.
Vassey.	48.	20.	17.	12.
Vassi.	48.	40.	23.	15.
Vatan.	47.	8.	19.	25.
Vaucouleur.	48.	50.	24.	2.
Vaudemont.	48.	43.	24.	28.
Vaudrevange.	49.	48.	25.	18.
Vaudrome.	44.	0.	24.	2.
Vauduse.	43.	12.	23.	26.
Vaujours D.	47.	38.	17.	45.
Vauville.	50.	0.	15.	15.
Vai.	43.	36.	27.	32.
le Grand-Vai.	49.	45.	16.	10.

	d.	m.	d.	m.
Veillane.	44.	32.	26.	10.
Veilli.	49.	35.	21.	45.
le Velai.	44.	.	22.	
Veissembourg.	49.	15.	26.	45.
Veldentz.	50.	19.	25.	31.
S. Venant.	51.	4.	20.	41.
Venasque aux Piren-nées.	42.	26.	17.	40.
Venasque dans le Venai-sin.	43.	22.	23.	28.
Vence.	43.	6.	25.	47.
St Vendel.	49.	56.	25.	31.
Vendosme D.	47.	58.	18.	46.
Venlo.	51.	48.	24.	36.
Vennes.	47.	30.	14.	15.
Ventadour D.	45.	10.	20.	0.
Ventavon.	43.	50.	24.	24.
les Vents.	43.	53.	22.	10.
Verceil en Franche-Comté	47.	20.	24.	57.
Verceil en Piedmont.	44.	51.	27.	12.
Verdemberg.	47.	2.	18.	28.
Verdun sur la Garonne.	43.	33.	18.	38.
Verdun en Lorraine.	49.	30.	23.	50.
Verdun dans la Navarre.	42.	40.	16.	1.
Verdun sur Saône.	46.	41.	23.	18.
le Verger.	47.	39.	16.	52.
le Vermandois.	50.		21.	
Verneüil en Normandie.	48.	54.	18.	51.
Verneüil D.	49.	31.	20.	35.

	d.	m.	d.	m.
Vernon.	49.	20.	19.	25.
Verrüe.	44.	38.	26.	52.
Verſailles.	48.	58.	20.	2.
Verſols.	43.	30.	20.	47.
Vertheim.	50.	4.	28.	23.
Vertüeil.	46.	5.	17.	50.
Vertus.	49.	0.	22.	11.
Vervins.	50.	9.	22.	11.
Veſel.	52.	4.	25.	12.
Veſoul.	47.	44.	24.	35.
Veteravie.	51.		26.	
Vevay.	46.	15.	25.	38.
Vexin François.	49.		19.	
Vexin Normand.	49.		19.	
Vezelay.	47.	18.	21.	35.
Vezelize.	48.	49.	24.	28.
Ugogna.	45.	44.	17.	10.
Vianges.	47.	0.	22.	20.
Vianden.	50.	24.	24.	43.
Vianes.	43.	22.	20.	10.
Vibrac.	45.	50.	17.	21.
Vibraye.	48.	9.	18.	25.
Vic de Bigoin.	43.	26.	17.	5.
Vic le Comte.	45.	25.	21.	15.
Vic de Pezenſac.	43.	46.	17.	30.
Vic en Lorraine.	49.	8.	25.	4.
Vic de Sos.	42.	25.	18.	52.
Vich.	46.	13.	26.	53.

	d.	m.		d.	m.
Vichi.	45.	55.	—	21.	37.
Vielle Port de mer.	44.	5.	—	15.	30.
Vielle au Valdaran.	42.	35.	—	18.	3.
Vienne.	45.	8.	—	23.	13.
Vierzon.	47.	18.	—	19.	52.
Viescas.	42.	35.	—	16.	39.
Vieuxboucau.	44.	0.	—	15.	18.
Vicubourg.	48.	23.	—	13.	50.
Vieux-Marché.	48.	37.	—	13.	7.
le Vigan.	43.	31.	—	21.	37.
Vigevano.	44.	50.	—	27.	40.
Vignonet.	43.	3.	—	19.	10.
Vignori.	48.	25.	—	23.	26.
Vihers.	47.	15.	—	16.	42.
Villambiz.	43.	18.	—	17.	18.
Vilingen.	48.	14.	—	27.	15.
Villaine-la-Luhef.	48.	31.	—	17.	5.
le Villars D.	43.	15.	—	23.	39.
Villeagrin.	44.	40.	—	16.	46.
la Ville aux Clers.	48.	3.	—	18.	45.
Ville - Comtal en Gascogne.	43.	25.	—	17.	14.
Ville - Comtal en Roüergue.	44.	15.	—	20.	22.
Villedieu.	49.	10.	—	16.	2.
Villefort.	43.	51.	—	22.	0.
Villefranca.	41.	58.	—	19.	58.
Villefranche en Guienne.	44.	58.	—	17.	42.
Villefranche Port de mer.	43.	0.	—	16.	7.

	d.	m.	d.	m.
Villefranche sur la Meuse.	49.	44.—13.	31.
Villefranche de Panat.	43.	47.—20.	28.
Villefranche de Perigort.	44.	38.—18.	47.
Villefranche de Piémont.	44.	14.—26.	25.
Villefranche de Roüergue.	44.	5.—19.	40.
Villeneuve d'Agenois.	44.	26.—18.	16.
Villeneuve l'Archev.	48.	14.—21.	45.
Villeneuve d'Avignon.	43.	16.—22.	55.
Villenenve le Berg.	44.	5.—22.	38.
Villeneuve en Gascogne.	43.	58.—16.	52.
Villeneuve S. George.	48.	51.—20.	35.
Villeneuve Laguiard.	48.	22.—21.	6.
Villeneuve le Roy.	48.	6.—21.	24.
Villeneuve de Roüergue.	44.	12.—19.	46.
Villenoce.	48.	37.—21.	40.
Villepreux.	48.	59.—19.	58.
Villereal.	44.	37.—18.	16.
Villeroy D.	48.	36.—20.	31.
Villers aux bocages.	49.	25.—16.	40.
Villers-Costerez.	49.	26.—21.	9.
Vilvorde.	51.	20.—22.	41.
Vimory.	47.	56.—20.	37.
Vimpfen.	49.	33.—18.	2.
M. S. Vincent.	46.	22.—22.	43.
Vincheslfei.	51.	24.—18.	33.

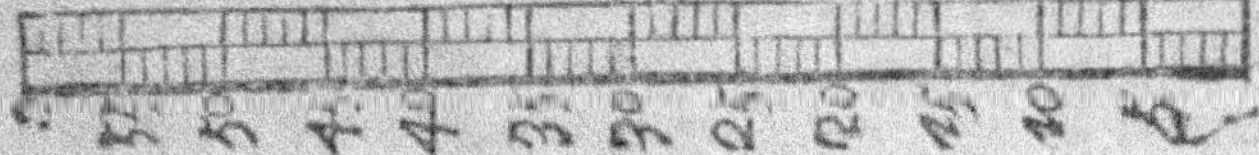

	d.	m.		d.	m.
Vintemille.	43.	7.	—	16.	28.
la Vinzelle.	44.	23.	—	20.	22.
Vire.	49.	6.	—	16.	30.
Vinsobres	43.	47.	—	23.	30.
Virieu.	45.	10.	—	23.	52.
Virizet.	46.	13.	—	23.	10.
Virtemberg.	48.	58.	—	28.	2.
Virtenvir.	48.	35.	—	26.	32.
Virton.	49.	58.	—	24.	2.
Virtzbourg.	50.	10.	—	29.	3.
Vis sur Aisne.	49.	36.	—	21.	19.
M. Viso.	44.	15.	—	25.	50.
Visp.	46.	0.	—	16.	45.
St Vit.	50.	35.	—	24.	37.
Viteaux.	47.	16.	—	22.	25.
Vitrei.	48.	20.	—	15.	56.
Vitri le François.	48.	57.	—	22.	48.
Viu.	44.	50.	—	26.	11.
Viviers.	43.	52.	—	22.	54.
Vivoin.	48.	28.	—	17.	37.
Vivone.	46.	33.	—	17.	45.
Vizille.	44.	46.	—	24.	12.
Uncastille.	42.	22.	—	15.	42.
Undersevenz	46.	39.	—	26.	36.
Undrwalden.	46.		—	27.	
Vogherla.	44.	25.	—	28.	0.
Void.	48.	57.	—	24.	2.
Voiron.	45.	0.	—	24.	0.
la Volon.	48.	39.	—	13.	45.
Vormes.	49.	56.	—	27.	2.
Vooes.	48.	23.	—	19.	31.

	d.	m.	d.	m.
la Voute sur le Rhône.	44.	14.	23.	5.
la Voute sur la Loire.	44.	46.	12.	0.
la Voute-Chillac.	44.	53.	21.	20.
Vautenay.	47.	25.	21.	33.
Vouvant.	46.	41.	16.	33.
Ste Urcisse.	43.	44.	19.	14.
Uri.	46.		27.	
Ste Ursane.	47.	35.	25.	51.
Urt.	43.	38.	15.	24.
Ury.	49.	37.	24.	50.
Usa.	44.	16.	15.	45.
Userche.	45.	24.	19.	20.
Ussel.	44.	20.	20.	4.
Usson.	45.	18.	21.	15.
Utelle.	43.	20.	16.	4.
Waimouth.	51.	6.	14.	52.
Warcham.	51.	10.	15.	19.
Watingfort.	52.	10.	16.	7.
Weil.	48.	54.	27.	39.
Wberlingen.	47.	56.	28.	12.
Wela.	51.	45.	14.	24.
Werd.	51.	41.	24.	6.
Weslouve.	50.	53.	11.	30.
Wemister.	52.	8.	17.	23.
Wick.	51.	16.	24.	8.
Wil.	47.	26.	27.	59.
Wilton.	51.	37.	15.	34.
Wiltome.	51.		15.	

	d.	m.	d.	m.
Wilmenstad.	52.	17. — 12.	44.
Wimis.	46.	38. — 26.	15.
Winchester.	51.	36 — 16.	10.
Wirtzbourg.	50.	10. — 29.	5.
Worn.	52.	21. — 24.	0.
Wulpian	44.	34. — 26.	37.
la Wulpiliere.	45.	20. — 23.	32.
Uxbridge.	52.	11. — 17.	3.
Uzel.	48.	19. — 14.	0.
Uzés _D._	43.	24. — 22.	28.

Y

St Ybar.	42.	57. — 18.	46.
Yenne.	45.	27. — 24.	15.
Yieres.	42.	14. — 24.	36.
Ypres.	51.	24. — 21.	0.
Yron.	43.	29. — 14.	56.
Ys sur Til.	47.	29. — 23.	3.
St Ysere.	43.	39. — 20.	29.
Yverdon.	46.	44. — 25.	14.
Yvetot _P._	50.	2. — 18.	35.
Yvoire.	46.	7. — 24.	56.
Yvoy _D._	50.	0. — 23.	32.
Yvrée.	44.	56. — 26.	39.
Yvri.	49.	7. — 19.	19.

Z.

Zirk.	49.	53. — 24.	54.
Zéll en Suisse.	47.	53. — 27.	50.
Zéll en Briscow.	48.	37. — 26.	56.
Zug.	47.	8. — 27.	10.
Zulpich.	50.	58. — 25.	16.
Zurich.	47.	22. — 27.	23.

INDEX

INDEX ALPHABETIQUE

& general des Fleuves & Rivieres comprifes dans la Carte du Royaume de France.

A

	Latitude.	Longitude.
A R.	46.	26.
Adde.	45.	28.
Agout.	43.	19.
Air.	49.	23.
Aifne.	49.	23.
Alagnen.	45.	21.
Alan.	51.	12.
Allier.	44.	21.
Aouft.	45.	25.
Aragon.	42.	16.
Ardefche.	44	22.
Are.	45.	25.
Argeus.	42.	24.
Arget.	42.	18.
Armançon.	47.	21.
Arnon.	46.	20.
Aroux.	46.	12.
Arue.	45.	25.
Aube.	48.	22.
Audé.	42.	19.

K

	lat.	long.
Aveirou.	44.	20.
Aven.	48.	12.
Avon.	51.	15.
Avregne.	49.	20.

B

BAIZE.	43.	17.
Bar.	48.	23.
Baudiat.	45.	17.
Belvic.	44.	18.
Beuverons.	47.	19.
Biaur.	43.	20.
Bieuvre.	48.	20.
Bilch.	49.	26.
Blavet.	48.	13.
Bormia.	44.	27.
Brebince.	46.	22.

C

CANAL.	43.	19.
Canal de Briare.	47.	20.
Nermeau Canal.	51.	21.
Canche.	50.	20.
Celle.	50.	20.
Cere.	44.	20.
Ceze.	43.	22.
Charente.	46.	18.
le Cher.	46.	20.
Cinca.	42.	17.
Clain.	46.	17.
Colme.	51.	20.
Conie.	48.	19.
Couesnon.	48.	15.

	lat.	long.
Creuſe.	46.	19.
Petite Creuſe.	46.	19.
Croſne.	46.	24.

D

D A I N.	46.	22.
Danube.	48.	28.
Dart.	51.	13.
Delmne.	46.	22.
Demer.	51.	23.
Dile.	51.	23.
Dive	49.	17.
Doite.	45	21.
Doire.	44.	16.
Petite Doire.	44.	26.
Dommel.	51.	23.
Dordergne.	44.	19.
Dorc.	46.	14.
Douze.	44.	16.
Drac.	44.	24.
Drome.	44.	23.
Drot.	44.	17.
Durance.	44.	24.

E

E A U N E.	50.	19.
Ebre.	42	14.
Egli.	42.	20.
Eloën.	48.	12.
Eſcaut.	51.	21.
Eure.	49.	19.
Eure.	46.	20.
Ex.	51.	13.

lat. long.

F

FRESQVE.   42.——19.

G

GALLEGO.   42.——16.
Gardon.   43.——22.
Garonne.   42.——18.
Gartempe.   46.——19.
Gave.   43.——16.
Gere.   43.——17.
Gimone.   43.——18.

H

HAYSNE.   50.——22.
Huisne.   48.——17.
Hon.   49.——19.

I

INDRE.   46.——19.
Jougon.   47.——24.

L

LATET.   41.——19.
Laitta.   47.——13.
Larc.   43.——23.
Larche.   44.——25.
Lauriege.   42.——19.
Lay.   46.——16.
Leck.   52.——23.
Leire.   44.——16.
Lets.   42.——19.
Petit Lets.   43.——18.
Ill.   48.——26.
L'Ille.   45.——18.

	lat.	long.
Lis.	51.	21.
Lizere.	45.	24.
Loin.	47.	20.
Le Loir.	47.	18.
Loiret.	47.	19.
Lot.	44.	21.
la Loire.	47.	24.
Luy.	43.	16.

M

MAINE.	47.	18.
Marne.	48.	23.
Meduvai.	51.	18.
Mein.	50.	28.
Merk.	52.	22.
Meurte.	48.	25.
Meuse.	48.	24.
Midou.	43.	17.
Morin.	48.	21.
Moselle.	48.	25.

N.

NABE.	50.	25.
Nagold.	48.	27.
Neere.	48.	27.
Neste.	42.	17.
Nethe.	51.	23.
Nive.	43.	15.
Noguera Pallaresa.	42.	18.
Noguera Ribagarcana.	42.	17.
Novilio.	45.	27.

O

	lat.	long.
ODER.	47.	12.
Oise.	50.	22.
Orge.	48.	20.
Orne.	50.	17.
l'Osse.	43.	17.
Ouche.	47.	22.
Oudon.	47.	16.
Ourte.	50.	24.
Oust.	47.	14.

P

	lat.	long.
PO.	44.	28.

R

	lat.	long.
RANCE.	48.	14.
Resuze.	46.	23.
Retourne.	49.	22.
Rhin.	46.	28.
Rille.	49.	18.
Rosne.	46.	27.
Rother.	51.	18.
Russ.	46.	27.
Ruë.	45.	20.

S

	lat.	long.
SALAT	42.	18.
Sambre.	50.	22.
Saône.	47.	24.
Sar.	49.	25.
Sarte.	48.	17.
Save.	43.	27.
Scarpe.	50.	21.

	lat.	long.
Sée.	48.	15.
Segre.	41.	18.
Seille.	49.	24.
Seine.	47.	22.
Sele.	44.	19.
Selune.	48.	16.
Semoy.	50.	23.
Senne.	46.	24.
Serre.	49.	21.
Seſſia.	45.	26.
Scudre.	45.	16.
Severne.	52.	14.
Sevre.	46.	16.
Sioule.	45.	20.
Some.	50.	21.
Sonne.	51.	22.
Sour.	50.	24.
Spierbach.	49.	26.
Stoure.	51.	15.
Stoure.	51.	18.
Sture.	44.	26.
Suippe.	49.	22.

T

	lat.	long.
Tamise.	52.	16.
Tamer.	51.	12.
Taner.	43.	26.
Tardouere.	45.	18.
Tarn.	43.	20.
Tauber.	49.	28.
Taye.	52.	13.

	lat.	long.
Tech.	41.	20.
Tervin.	49.	20.
Tescou.	43.	19.
Tesin.	46.	17.
Test.	51	16.
Thur.	47.	17.
Toué.	46.	17.
Touques.	49.	17.
Trieu.	48.	13.
Trucire.	44.	11.

V

Valoise.	44.	25.
Var.	43.	25.
Verdon.	43.	24.
Veste.	49.	22.
Vezere.	45.	19.
Vienne.	46.	18.
Vilaine.	47.	15.
Vire.	49.	16.
Vske.	52.	14.

W

| Wahal. | 52. | 13. |

Y

| Yerre. | 48. | 12. |
| Yonne. | 48. | 11. |

F I N.